Sebastián Ross

Chakras
LOS SECRETOS DE LA ENERGÍA

Chakras
es editado por
EDICIONES LEA S.A.
Av. Dorrego 330 C1414CJQ
Ciudad de Buenos Aires, Argentina.
E-mail: info@edicioneslea.com
Web: www.edicioneslea.com

ISBN **978-987-718-561-4**

Impreso en Argentina. Tercera edición. Segunda reimpresión.
Esta edición se terminó de imprimir en
Marzo de 2021 en Oportunidades S. A.

Ross, Sebastián
   Chakras : el secreto de la energía vital / Sebastián Ross. - 3a ed . 2a reimp.
- Ciudad Autónoma de Buenos Aires : Ediciones Lea, 2021–.
   224 p. ; 23 x 15 cm. - (Alternativas ; 39)

   ISBN 978-987-718-561-4

   1. Chakras. 2. Bioenergía. 3. Autoayuda. I. Título.
   CDD 158.1

Sebastián Ross

Chakras

LOS SECRETOS DE LA ENERGÍA

PRÓLOGO A LA SEGUNDA
EDICIÓN AMPLIADA

Pasaron varios años desde la primera edición de *Chakras, los secretos de la energía,* y el interés nunca dejó de crecer. No es casualidad: vivimos un cambio de era y cada vez son más las personas que entienden la necesidad de equilibrar nuestras energías internas a fin de aprovechar al máximo esa fuerza y, sobre todo, armonizarla con el mundo que nos rodea. Si fuera de nosotros el planeta vibra, llora y se enfurece con nuestro comportamiento como civilización, es claro que la única manera de revertir el daño es a partir de un cambio individual que se traduzca en millones de seres humanos en armonía. Tiendo a creer que una sola persona puede cambiar el mundo. Si alguien tiene alguna duda, basta recordar a Jesús, a Buda, a Mahoma, incluso a líderes políticos que, para bien o para mal, lograron torcer el rumbo de la Historia con la fuerza de sus convicciones. Si ellos pudieron, todos podemos. Trabajar con nuestros chakras es el primer paso para trabajar con el mundo. Alcanzar la felicidad, la plenitud y la salud es el inicio de una transformación personal que, sin dudas, llevará a la transformación del planeta.

Cuando comencé a estudiar los chakras, todo esto se veía como una lejana posibilidad; hoy, estamos transitando el gran cambio energético del año 2012, sufriendo furiosas respuestas del planeta en la forma de tormentas, huracanes, terremotos y sequías. En el medio escribí este libro cuya segunda edición amplié y corregí de acuerdo con estas ineludibles señales de que los que hablábamos de la necesidad de canalizar la energía y equilibrarla teníamos razón. Ojalá, una vez más, el libro sea un aporte para quienes comprenden que es el momento de poner manos a la obra para que, entre todos, alcancemos un nuevo y luminoso nivel de conciencia.

Sebastián Ross, 2011.

INTRODUCCIÓN

El Universo nos ofrece energía y todas las civilizaciones han sido por demás conscientes de ello. Los antiguos chinos la denominaron *Chi* y basaron buena parte de su medicina tradicional en ella. Los japoneses, por su parte, la llamaron *Ki*. Los hindúes, a su vez, la denominaron *Prana*. Y es precisamente de la rica tradición hindú de donde se deriva la noción de chakras: núcleos energéticos ubicados en una suerte de línea vertical imaginaria que va desde el perineo hasta la zona del aura que está por encima de la coronilla. Los chakras son siete (al menos, los que considera como principales la tradición hindú) y cada uno de ellos tiene una vibración energética determinada, se relaciona con un aspecto de nuestra vida, influye sobre una serie de órganos y funciones del organismo, modela parte de nuestro aspecto psicológico, emocional y espiritual y abre toda una serie de correspondencias, ya que, como se podrá apreciar a lo largo de este volumen, cada chakra se asimila a un planeta, a un mandala, a una pareja de divinidades, a un animal (ya sea real o imaginario), etcétera.

¿Cómo funcionan los chakras?

Cada uno de ellos trabaja como una especie de válvula inter-conectada que se abre por sí sola y permite captar y canalizar de manera adecuada la energía proveniente del Universo. Cuando un chakra "funciona bien", esto es, se encuentra libre de blo-queos, capta el caudal de energía necesario (ni más ni menos) y lo canaliza de manera adecuada, todo lo vinculado a esa área funcionará de manera armónica. Por ejemplo: el segundo chakra –que se encuentra ubicado en la zona del coxis– tiene una in-fluencia decisiva en el aspecto sexual de la persona. Por lo tanto, un segundo chakra funcionando a pleno, se hará evidente en un individuo que disfruta de su sexualidad. De manera contraria, cuando comienzan a aparecer las trabas y los conflictos al res-pecto, es clara señal de que algo no anda del todo bien en este centro energético. ¿Qué puede estar pasando? Las alternativas son varias. Puede haber dificultades para captar energía y hacerlo de manera deficiente, esto es, en menor medida que la necesaria. También puede darse la situación contraria: el chakra en cuestión capta demasiada energía y hay un exceso de carga, lo cual genera también conflictos, aunque de diferente índole. Seguramente, en el primero de los casos tendremos como resultado una persona inhibida, una mujer frígida o un hombre impotente. En el segun-do, se tratará de un adicto al sexo. Una tercera posibilidad es que la energía se capte en su justa medida pero, una vez dentro del chakra, no sea procesada de la forma adecuada, debido a que existe, por ejemplo, algún tipo de bloqueo. Además, al tratar-se de un sistema armónico, cuando se produce una disfunción, desequilibrio o desarmonización en una parte del él, esto genera necesaria e inevitablemente un impacto en el resto.

Tal como acabamos de verlo, varias son las causas que pueden desequilibrar el funcionamento de un chakra y hacerlo deficiente. Sin embargo, es posible trabajar de distintas manera sobre ellos de forma tal de liberarlos de bloqueos y lograr su pleno desarrollo y armonía. Acerca de ello trata buena parte de este libro.

Ubicación de los chakras

Dijimos líneas más arriba que estos núcleos energéticos se ubican en una suerte de línea vertical imaginaria que va desde el perineo hasta la zona del aura que está por encima de la coronilla. Para decir las cosas por su verdadero nombre, debemos decir que los chakras se alinean a lo largo del denominado *Shushumna nadi*, o sea, del conducto central.

Un *nadi* es un delgado conducto que se encuentra en el cuerpo y por donde circula el prana, o sea, la energía. Tal vez ayude al lector hacer referencia a que son lo que la medicina tradicional china denomina "meridianos" y donde se encuentran los puntos para el tratamiento por acupuntura. Su número se calcula en decenas de miles pero el Yoga y la meditación trabajan sobre tres de ellos:

1) *Ida nadi, chandra nadi o nadi lunar*: canal izquierdo, conectado con la parte derecha del cerebro. Se vincula a la energía femenina, lunar, fría y pasiva, o sea, a todo aquello que la filosofía y medicina china consideran Yin. También se encuentra relacionado con las emociones y el pasado. Nace en la zona del tercer ojo y fluye hacia abajo hasta la base de la columna vertebral. Cuando la energía circula principalmente por este canal, da como resultado un individuo donde predomina el aspecto emocional.

2) *Pingala nadi, surya nadi o nadi solar:* es el canal derecho y está conectado con la parte izquierda del cerebro. Se vincula a la energía masculina, solar, cálida y activa, o sea, a todo aquello que la tradición china considera de signo Yang. También se encuentra relacionado con el ego y la personalidad. Nace en el área del tercer ojo y fluye hacia abajo hasta la base de la columna vertebral. Cuando la energía circula de manera predominante por esta vía, da como resultante una persona donde prevalece el aspecto racional.

3) *Sushumna nadi*: es el gran nadi o canal central y se encuentra conectado a la columna vertebral y al sistema nervioso. Tal como lo adelantamos, es a lo largo de él que se alinean los siete chakras.

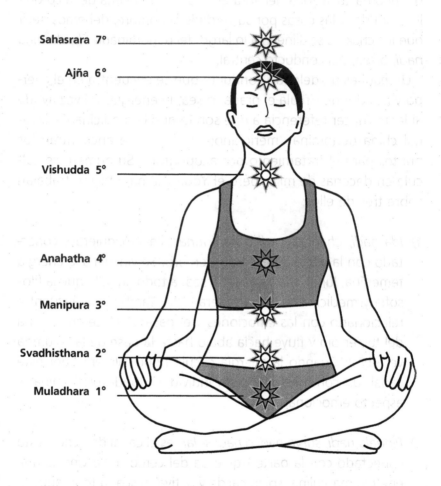

Sahasrara 7°

Ajña 6°

Vishudda 5°

Anahatha 4°

Manipura 3°

Svadhisthana 2°

Muladhara 1°

●●●

El sistema de chakras expresa la unidad del Universo, la unidad del ser humano y la armonía yacente entre ambos.

Chakras y aura

Si bien este libro trata acerca de los chakras, antes de adentrarnos de manera específica en el estudio de los centros energéticos debemos, se hace necesario explicar brevemente el concepto de *aura*, *campo áurico* o *sistema áurico* ya que, al igual que los chakras, constituyen sitios de asentamiento y procesamiento de la energía. Por eso, se establece entre ellos una suerte de retroalimentación: cuando hay desequilibrios en alguno de los cuerpos sutiles el sistema de chakras estará desequilibrado y viceversa. Asimismo, un sistema áurico desarrollado a pleno, será un importante "ayudante" para que los chakras funcionen en plenitud, de la misma manera en que cuando los chakras se encuentran libres de bloqueos, el aura cobra más fuerza.

Los cuerpos sutiles, aura o sistema aúrico

1° cuerpo: el cuerpo físico. Es conocido por todos nosotros, viene con el ser humano desde el mismo momento del nacimiento (algunos estudiosos del aura sostienen la hipótesis de que aún lo hace desde antes, esto es, cuando la persona aún se encuentra en el seno materno) y está constituido por la materia energética menos sutil. Usualmente, es de color grisáceo, con reflejos rojizos. Cuando la persona solamente desarrolla este cuerpo, se detiene en un estadio de evolución muy primitivo que no difiere mucho del de los animales superiores, tales como los mamíferos. Los intereses de esos individuos son aquellos más básicos: comida y abrigo.

2° cuerpo: el cuerpo sutil o etérico. En la mayoría de las personas se desarrolla o termina de hacerlo entre los 7 y los 14 años de edad. Tiene la forma de un cuerpo visible y envuelve a la persona a una distancia aproximada de 6 centímetros con su luz anaranjada. Opera como una suerte de "capa protectora", ya que cuando el estado de salud es bueno, este estrato se fortalece y, con ello, impide el ingreso de enfermedades.

Por ese motivo, también se la conoce como "aura de la salud"; otra causa para esa denominación es que su aspecto varía de acuerdo al estado del organismo, aunque siempre permanece incolora y formada por estrías. Este cuerpo áurico es el responsable de la vitalidad de nuestra irradiación. Cuando la persona solamente desarrolla este estadio del aura y el anterior, toda la vida gira alrededor del sexo, con lo cual se convierten en verdaderos obsesivos de este tema.

3° cuerpo: el cuerpo astral. Es aquel que, usualmente, se desarrolla o termina de hacerlo entre los 14 y 21 años. Su forma es ovalada y es equivalente a nuestras emociones y sentimientos ya depurados por milenios de civilización, educación y cultura. Suele ser de color rosado con matices de azul muy pálidos, estos últimos similares a chispas eléctricas. De acuerdo con el estado y la potencia de esos sentimientos, esta sección áurica puede tener desde unos pocos milímetros a varios centímetros: todo depende del estado emocional de una persona en determinado momento. El cuerpo astral es perceptible, en general, para el común de la gente, aunque no de manera consciente. Pero pensemos en la cantidad de veces que nos alejamos de alguien porque está furioso: la causa de ello es que percibimos la vibración del aura astral, aun a la distancia.

4° cuerpo: el cuerpo mental. Es donde se ponen de manifiesto las estructuras de nuestros pensamientos y la fortaleza de nuestro espíritu. Tiene una extensión aproximada de 2 centímetros y ya presenta una frecuencia de vibración considerable. Su color suele ser amarillo y, eventualmente, posee reflejos dorados.

5° cuerpo: el cuerpo espiritual. Redondo y de forma ovoide, de color azulado, este cuerpo áurico es una suerte de puerta a la liberación. Asimismo, permite visualizar en él escenas de una encarnación anterior. Mide unos 6 centímetros.

6° cuerpo: el cuerpo cósmico. Sólo los ocultistas muy aventajados pueden ver este estrato del aura y quienes lo han hecho señalan que presenta un aspecto de una belleza y delicadeza indescriptibles, de múltiples colores y siempre cambiantes, como una especie de caleidoscopio. Mide escasos milímetros. Representa un estado evolutivo muy adelantado y está formado por materia correspondiente a los planos superiores. Este aura debe entenderse como el estado de realización de la Divinidad.

7° cuerpo: el cuerpo nirvánico. Blanco y con forma de rayos que se dirigen hacia el exterior, el último aura constituye el séptimo y último plano y refiere a la disolución, al estado de extinción, al Samadhi (unión con la divinidad).

Chakras y creencias religiosas

Tal vez el lector se esté preguntando si es lícito o compatible con sus creencias religiosas el hecho de "creer" en los chakras y de trabajar en pos de su desarrollo. La respuesta categórica es "sí" y no importa desde qué religión se haga el cuestionamiento. Sea cual fuera la tradición espiritual que uno siga, el camino simbólico y energético señalado por el sistema de chakras es ineludible para todo aquel ser humano que desee desarrollarse espiritualmente y que busca encontrar la verdadera felicidad y la trascendencia. Es, en realidad, un sendero sumamente similar a la denominada "salvación" o "iluminación". Por lo tanto, puede practicarse más allá de cualquier religión o credo.

Correspondencias
de los chakras

Cada chakra, a veces de manera más práctica y material, otras de forma más simbólica y esotérica, se relaciona, encuentra correspondencia o se corresponde con toda una serie de elementos. Saber cuáles son implica un mayor conocimiento de los núcleos energéticos, de sus características y posibilidades. Estos correlatos a los que hacemos alusión se evidencian en:

- Color
- Área de irradiación
- Conexión glandular
- Mandala
- Dioses
- Animal hindú que lo representa
- Elemento regente
- Planeta regente

Pasemos a explicar cada uno de ellos.

El color de cada chakra

Cada núcleo energético está representado por un color –denominado "color básico predominante"– que es, a su vez, el tono principal del mandala que lo simboliza. Sin embargo, es necesario hacer una aclaración al respecto. Contrariamente al caso del aura y de sus diferentes capas, que cada chakra esté simbolizado por un color no significa que ese núcleo energético sea de ese color, sino que indica que ese chakra tiene a su cargo ese nota cromática de acuerdo al grado de purificación energética propia del tipo de fuerza que maneja y procesa. Por eso, el primer chakra que es sede de la energía menos sutil se corresponde con el rojo (tono vinculado a la sangre, a lo instintivo, a lo primitivo, a lo no elaborado) y el último centro energético se representa con el color violeta, tono de amplia tradición en cuanto a simbolizar la espiritualidad y la inmaterialidad. Esos cambios de colores permiten pensar y visualizar de qué forma la energía se purifica y refina a medida que asciende y pasa de ser una fuerza inferior y poco sutil a ser otra del orden de lo superior y poseedora de un grado máximo de sutileza, al tiempo que también se pasa de colores cálidos a tonos fríos.

El área de irradiación

Se conoce con este nombre a la zona corporal sobre la cual cada uno de los chakras tiene una influencia decisiva. Está muy vinculada a la zona de emplazamiento del centro energético en cuestión. Por ejemplo, el cuarto chakra se sitúa en el centro del pecho y su área de influencia, entre otros, son el corazón y los pulmones.

Asimismo, existe lo que podríamos denominar "un área de irradiación más sutil", no vinculada a lo somático, sino en correspondencia con aspectos emocionales y psicológicos. Por ejemplo, el tercer chakra es el centro energético relacionado con la voluntad.

La conexión glandular

Se trata de un área de irradiación específica: la zona de influencia de un núcleo energético, pero sobre un aspecto somático muy particular que es el vinculado a las distintas glándulas del cuerpo, o sea, a los componentes del denominado sistema endocrino. Este sistema es el encargado de liberar hormonas, sustancias que intervienen en la regulación de procesos corporales, tales como el crecimiento, el metabolismo, la reproducción, etcétera.

Chakras y mandalas

Los chakras, desde la más remota tradición hindú, se representan por medio de mandalas simbólicos. ¿Qué es un mandala? En sánscrito, la palabra *mandala* significa "círculo" y alude, en sentido restringido, al círculo mágico; pero, en sentido amplio también, representa medios auxiliares de concentración y de meditación, construidos a partir de círculos y de formas derivadas de éstos, tales como flores o ruedas. Esas estructuras generalmente son dibujadas y pintadas, pero también se las emplea arquitectónicamente como planos en la construcción de templos. En sentido propio son reproducciones espirituales del orden del mundo, a menudo combinadas con elementos derivados del cuadrado. La dirección hacia un centro tiende hacia la concentración y la meditación. En la zona central del mandala, según la doctrina y el grado de iniciación, se encuentran diversos símbolos. Cada chakra se corresponde con un mandala que, tal como acabamos de explicar, posee en su interior elementos simbólicos, tales como triángulos o depuradas representaciones simbólicas de los genitales masculinos y femeninos.

Un elemento es omnipresente en todos los mandalas chákricos: se trata del loto. El loto es uno de los emblemas más antiguos del arte y el ritual asiático, zona del planeta donde este vegetal simboliza la creación y la pureza. Su largo tallo alude al cordón umbilical que une al hombre a su origen, mientras que su flor de increíble belleza representa la iluminación y la pureza a la que aspira el alma humana. El loto es, además, símbolo del nacimiento divino ya que el dios Brahma surgió del ombligo de Vishnú, sentado sobre una flor de loto para crear el Universo. También representa el sol y la rueda del nacimiento, ya que sus pétalos se abren al amanecer y se cierran en el crepúsculo. En la cosmología budista, la flor de loto simboliza tanto la pureza como el agua, elemental fuente de vida; también en esta tradición se asocia con la aspiración y el potencial de los seres humanos, en base a que nace en el barro y el agua y se eleva hacia el cielo.

Otro elemento infaltable en los mandalas chákricos es el *bija mantra*, también conocido como *mantra semilla*. Se trata de sonidos primordiales, letras que, a modo de semillas, derivan directamente de los cincuenta sonidos originales. Estos mantras encierran gran poder y se componen generalmente de una sola sílaba. Cada uno encierra en su interior un profundo significado místico.

Estos elementos simbólicos constituyen un lenguaje metafórico instaurado desde un código esotérico vinculado a la tradición del hinduismo tántrico.

Dioses

Cada chakra se corresponde, asimismo, con una pareja divina, un dios y una diosa, que representan en cada uno de estos centros la manera en que el absoluto se revela a sí mismo. La deidad femenina encarna el poder divino presente en el cuerpo del ser humano, mientras que su contrapartida masculina alude a las manifestaciones sutiles del Absoluto. Ambos remiten a los dos aspectos polares y complementarios de la esencia única: la mujer y el hombre, el tiempo y la eternidad, la pasividad y la actividad. En suma: el misterio de la unión sagrada de la dualidad en la unidad.

Animal hindú que lo representa

Los animales hindúes que se corresponden con cada chakra están aludidos en su correspondiente mandala. El animal en cuestión hace referencia, al mismo tiempo, al elemento regente y a un determinado grado en el proceso de evolución. La expresión "animal hindú" ha sido elegida porque, en algunos vórtices energéticos, el animal correspondiente no existe en realidad más que en un plano simbólico o religioso de esa tradición, tal como es el caso de Makara, animal del segundo chakra que es una figura meramente mitológica.

Elemento regente

De forma muy similar a lo que sucede con las correspondencias cromáticas (en las cuales, a medida que se asciende en la ubicación de los chakras se pasa de colores más cálidos a otros más fríos y de tonos más del orden de lo primitivo a otros de signo inequívocamente más sutil) con las correspondencias elementales sucede otro tanto.

Cada chakra, de acuerdo al tipo de energía que almacena y procesa, tiene un elemento regente y, a medida que se pasa de chakras inferiores a otros superiores, el elemento pasa de ser más básico y material (el primer chakra se vincula a la tierra) a tener una inmaterialidad más marcada, hasta llegar al séptimo chakra, que carece de vinculación elemental alguna, ya que se relaciona con la trascendencia.

Planeta regente

Cada planeta posee una energía, una vibración determinada. O mejor dicho, un conjunto de energías y vibraciones que concuerdan con las correspondientes a cada uno de los chakras energéticos. Por ejemplo: Marte también es conocido como el "planeta rojo" y (debido a que toma su nombre del dios romano de la guerra) se lo asocia a los comportamientos violentos y primitivos. Tal como se podrá apreciar más adelante, el primer chakra encuentra su correspondencia en el color rojo y se asocia a las conductas primitivas e instintivas. Por ello, el chakra primero es regido por Marte.

Potenciar los chakras

Tal como se podrá apreciar, la segunda parte de cada uno de los siete capítulos dedicados a los chakras plantea lo que hemos denominado un *kit de trabajo* para operar sobre él; esto es, un abanico de herramientas de distintos orígenes, que sirven para optimizar un chakra, liberarlo de bloqueos, armonizar su carga energética, etcétera.

Desde posturas de Yoga a apetitosos platos de comida. Desde la utilización de deliciosos aceites aromáticos a ejercicios de Reiki tibetano. Desde ideas de decoración hasta la fabricación y uso de talismanes planetarios... todo ello en pos de la armonización del sistema de chakras.

¿Por qué desarrollar los chakras?

Cada uno de estos centros energéticos a los que aludimos puede hallarse desarmonizado o armonizado, bloqueado o desbloqueado, cerrado o abierto, etc. En los primeros casos, toda su zona de irradiación o alguno de sus componentes (ya que cada chakra influye sobre una determinada área corporal y psíquica) funcionará de manera deficiente. De manera contraria, cuando un chakra se encuentra armonizado y libre de bloqueos, todo aquello que cae bajo su influjo (órganos, aspectos psíquicos) funciona de manera plena y sin problemas.

Por ejemplo: en el área de irradiación del primer chakra (denominado "chakra Muladhara") se encuentra el intestino. Por lo tanto, cuando este núcleo energético se encuentra desarmonizado, bloqueado o sufriendo algún otro tipo de inconveniente energético, aparecerán problemas intestinales: constipación, diarreas, etc. Contrariamente, un buen funcionamiento intestinal es signo de un buen funcionamiento de este chakra.

Cuando evolucionamos, maduramos, crecemos y vamos arribando lenta y trabajosamente a la sabiduría, con el paso de los años y las experiencias que éstos traen, los chakras cambian y responden, incluso, sin accionar con ellos intencionalmente. Sin embargo, si se trabaja sobre ellos de manera consciente y directa, los cambios se lograrán con mayor eficiencia, rapidez, economía y eficacia.

Si bien el trabajo con los chakras no sustituye ningún otro tipo de terapia (y, mucho menos, la medicina tradicional) sí constituye, en cambio, una importante herramienta de ayuda. Por ello, en caso de alguna enfermedad, el trabajo con los chakras acorta y refuerza otras intervenciones terapéuticas y es, además, de gran ayuda en el mantenimiento de cualquier progreso que se haya realizado.

En el caso de no sufrir ninguna dolencia en particular, trabajar sobre los chakras para lograr su armonía y pleno desarrollo, redunda en un mayor bienestar psico-físico-energético ya que permite el despertar de todas nuestras potencias.

●●●

Los tres cuerpos del hombre

En la tradición del Yoga, la realidad no se limita a la existencia física, sino que hay una dimensión interior en la que el espíritu, la mente y el cuerpo son los tres aspectos de una misma realidad.

Además de su *sthula sharira* (su cuerpo físico o burdo), el hombre tiene un cuerpo sutil que abarca todos sus aspectos psíquicos y energéticos, llamado *sukshma sharira*. Y por sobre éstos existe un tercer cuerpo, de carácter causal, origen de los anteriores y denominado *karana sharira*. Pero no se trata de entes separados, sino que los tres vibran armónicamente, representando el tríptico dimensional del ser humano: cuerpo, mente y espíritu.

El trabajo de los Chakras y la ejercitación aquí detallada sirve para arreglar cualquier alteración en el delicado equilibrio de los tres cuerpos, ayudando al individuo a alcanzar su ideal de armonía y bienestar.

Asanas

La palabra sánscrita *asana* significa "postura" y hace referencia a una determinada posición que es adoptada por el cuerpo físico en la práctica del Yoga. Tal como el lector tal vez ya lo sepa, el Yoga, en cualquiera de sus variantes (Hatha Yoga, Tantra Yoga, Kundalini Yoga, Laya Yoga), es una disciplina conformada por un conjunto de técnicas físicas y espirituales que tienen como meta última y primordial relacionarnos con la consciencia cósmica a través de la obtención de un estado de armonía y paz interior.

Las asanas, tal como lo adelantamos, son posturas yóguicas, esquemas corporales muy específicos que han sido codificados desde hace milenios y que tienen consecuencias precisas sobre las funciones corporales, el psiquismo, las emociones y el espíritu. La causa de ello es que tienen el poder de incrementar la circulación energética y, como lógica consecuencia, estimulan los chakras.

Estas posturas yóguicas o asanas producen en el cuerpo físico importantes beneficios en términos de salud. Los principales son los siguientes:

- Equilibran y armonizan todos los órganos del cuerpo.

- Elongan y tonifican los músculos.

- Favorecen la circulación sanguínea.

- Nutren a todas las células y tejidos.

- Trabajan a nivel del sistema nervioso y glandular y produciendo un estado de relajación general.

- A medida que se avanza en la práctica, se va logrando un equilibrio emocional y psíquico, generado por la interacción de múltiples factores, tales como:

- Los efectos sobre el sistema nervioso.

- La coordinación y la regulación respiratoria.

- La reducción del estrés.

- El cambio de patrones de enfrentamiento ante situaciones estresantes.

- La relajación aprendida y la posibilidad de abrirse al mundo de una manera fresca y renovada.

Cada asana consta de dos fases: una dinámica y otra estática.

En la primera de ellas (armado y desarmado de la postura) cada movimiento debe realizarse de forma consciente, armónica, lenta, continua y coordinada con la respiración.

En la fase estática (mantenimiento del asana) se inmoviliza todo el cuerpo y se concentra la atención en la zona específica en la que actúa el asana, acompañado de una respiración suave y profunda.

En los capítulos siguientes se explica qué asanas resultan más convenientes para cada uno de los chakras. Al igual que en el caso del Reiki tibetano lo ideal es realizar en una misma sesión un ejercicio para cada uno de los chakras y, si esto no fuera posible, llevar a cabo específicamente aquel o aquellos que estimulan el o los chakras que se encuentran desarmonizados.

Igualmente, sea cual fuere el conjunto de asanas elegidos, debe tenerse en cuenta una serie de recomendaciones a la hora de ejecutarlos, de manera tal que el cuerpo no sufra ningún tipo de daño y las posturas brinden el máximo de sus benéficas posibilidades.

Esas recomendaciones son:

- No practicar los asanas con el estómago lleno. Siempre debe esperase un mínimo de tres horas luego de haber comido.

- Ejecutarlos siempre sobre una superficie dura: alfombra, manta doblada en el piso, esterilla, etcétera. Realizarlas sobre una superficie blanda podrá parecer atractivo y más cómodo, pero lo cierto es que entraña serios peligros para la integridad corporal.

- Es fundamental que el lugar donde se vayan a llevar a cabo esté muy bien ventilado: el aire fresco es vital para los procesos respiratorios producidos por los asanas y realizarlos en un sitio con aire viciado (por mínima que sea esa contaminación) le restará eficacia a las posturas, aunque se ejecuten correctamente.

- Utilizar ropa liviana y cómoda, lo más suelta posible. Todo lo que apriete el cuerpo conspira en contra de una buena circulación y, por ende, traba el flujo de energía.

- Al principio, es recomendable no mantener cada postura por más de 30 segundos. Con el paso del tiempo y con la práctica, se podrá ir incrementando el tiempo.

- Tener siempre en cuenta que cada asana consta de tres etapas. En la primera se adopta la postura, en la segunda se la mantiene y en la tercera se la deshace. Ninguna es más importante que la otra y todas deben ejecutarse sin prisa y de la manera correcta.

- Para cambiar de postura, se debe hacerlo con movimientos suaves.

- Descansar brevemente entre una posición y otra.

Ejercicios de Reiki tibetano

Reiki es un término japonés que alude a la Energía Vital Universal, en interacción con la energía personal. La sílaba *Ki* hace referencia a la energía proveniente del Universo, ilimitada e inagotable; *Rei*, en cambio, constituye sólo una parte de ese enorme caudal energético: nuestra fuerza personal. Por lo tanto, Reiki alude a la intersección y el intercambio entre la fuerza del Todo universal, la energía proveniente de la divinidad con la potencia energética individual, presente en todo ser humano.

Pero la palabra Reiki describe también un método terapéutico no tradicional con cuya ayuda se transmite esa Energía Vital Universal. Para hacerlo se utiliza el ancestral método de imposición de manos, acción mediante la cual se va cubriendo todo el cuerpo físico, trabajando sobre los chakras y armonizando las auras.

Los ejercicios de Reiki tibetano que presentamos en los siete capítulos correspondientes a los siete chakras combinan la imposición de manos con gimnasia, mantras y meditación, de modo tal de lograr una sinergia de elementos-estímulos que brinden un apoyo integral a la curación tanto del cuerpo físico, como del alma y del espíritu. La acción conjunta de los elementos que acabamos de mencionar produce, además, un efecto regenerativo sobre el sistema inmunológico.

Se trata de una serie de sencillos pasos que permiten activar las fuerzas de autosanación a través de los chakras y aflojar los bloqueos energéticos a partir de ejercicios que logran una compensación ideal, ya que al mismo tiempo que ejercen un efecto relajante, generan y transforman la fuerza. Asimismo, producen mayor vitalidad y elasticidad y se logra distensión, elongación y estiramiento del cuerpo.

¿Cómo realizarlos?

- Al igual que cualquiera de las prácticas que aparecen en este libro (meditaciones, ejercicios respiratorios) es fundamental llevarlos a cabo en un lugar tranquilo, donde no se produzcan interrupciones y haya buena ventilación.

- Encarar la ejercitación desde la devoción.

- Durante su ejecución se debe dejar que el ejercicio se produzca sin esfuerzo. Se trata de "dejarlo salir" de la manera más natural posible.

- Lo ideal es realizar los siete ejercicios en una misma sesión diaria, de manera tal de regalarse diariamente un poco más de 20 minutos para el cuerpo, el alma y el espíritu.

- Si esto no fuera posible, podrá realizarse el o los ejercicios correspondientes a el o los chakras que se encuentren desarmonizados.

Prana y pranayama:
el arte de la respiración consciente

El prana es la energía vital universal, es la potencia básica que todo lo impregna y constituye, es la fuerza cósmica que mantiene la vida.

El ser humano capta prana a partir de cuatro fuentes básicas:

- Los alimentos, ya que al procesarlos obtiene los nutrientes que éstos contienen y que le otorgan energía al cuerpo.

- El sol, venerada fuente de luz y potencia, que permite la vida.

- La tierra, a través de la energía telúrica.

- Y el aire, vehículo del prana que incorporamos al respirar.

Debido a que este último elemento es uno de los cuatro transportes privilegiados de la energía, la respiración consciente y las técnicas para lograrla resultan de una importancia capital, difícil de entender para el hombre medio occidental, que considera que respirar es meramente un acto mecánico y reflejo sobre el cual no tiene nada que aprender. Pero desde la mirada oriental, respirar bien es fundamental para el desarrollo tanto físico como espiritual. De la misma manera en que se puede aprender a comer de manera adecuada y, con ello, beneficiar al cuerpo, se puede aprender a respirar correctamente. Para eso, existe lo que los hindúes denominan *pranayama*, esto es, una batería de ejercicios prácticos que permite respirar de manera correcta y, por ello, beneficiarse mucho más de la energía universal que si se lo hace de manera errónea. Cuando se "respira bien", de acuerdo a los preceptos y técnicas que ofrece el herramental del pranayama, los múltiples beneficios no se hacen esperar. Por un lado, y desde el punto de vista físico, estas prácticas respiratorias conscientes le aportan al organismo el oxígeno suficiente para un funcionamiento óptimo de todas las células del cuerpo. Ello incrementa el metabolismo y, por lo tanto, le permite al organismo desprenderse de las toxinas de manera más rápida y efectiva, con lo cual el cuerpo se desintoxica. Desde el punto de vista psicológico, la práctica de una respiración consciente y correcta aumenta el poder de concentración y ello redunda en más claridad mental y mayor equilibrio y control emocional.

●●●

El prana

En todos los seres vivos se manifiesta el prana, una energía vital que une y fortalece los cuerpos burdo y sutil, permitiendo la armonía integral del organismo. El aire que respiramos comúnmente es, junto con el Sol y los alimentos, la forma principal en que ingresa a nuestro cuerpo.

La incidencia de la respiración en el estado del hombre es enorme. Cuando estamos relajados, en paz, calmos, aspiramos tranquilamente, en forma regular; por el contrario, cuando nos sentimos inquietos, angustiados, agitados, la respiración se vuelve muy violenta e irregular. Aprender a mantenerse sereno y en armonía nos ayuda a mejorar la forma en que respiramos, pudiendo acceder a nuestro interior, a un estado de superior conciencia y conexión con lo que está más allá de nosotros.

Por todo esto, el yogui experimentado otorga una enorme importancia a la respiración, no sólo porque conecta el cuerpo físico con la mente, sino porque es considerada divina. Cada inspiración es un regalo de los dioses, es la asimilación de lo más sagrado y espiritual.

Utilización de gemas y cristales

En los libros sagrados de la India, como el *Ayurveda* (*El veda de la vida*), los cristales están presentes como seres vivos; en cada uno de ellos habita un deva, comandado por un espíritu de la naturaleza. Esos devas son los encargados de la formación de las gemas o cristales y son los que canalizan las energías cósmicas y geomagnéticas a través de ellos.

Todas las piedras poseen poderes magnéticos. Cada gema es una fuente infinita de radiaciones particulares que no se agotan, aun luego de décadas de uso.

Cuando un individuo se encuentra enfermo, padece algún malestar, está desequilibrado o tiene algún o algunos de sus chakras desarmonizado o bloqueado, las vibraciones de las piedras y de los cristales pueden proporcionar armonía a la actividad molecular a través de la resonancia y el equilibrio y, con ello, devolver la salud y la felicidad perdida.

En cada capítulo se menciona cuáles son las gemas más adecuadas para cada uno de los chakras. Sin embargo, más allá de ello, se ofrecen a continuación unas recomendaciones de orden general acerca de cómo conseguir, conservar y cuidar las gemas y cristales utilizados para el trabajo de armonización chákrica.

- Los cristales y gemas pueden adquirirse fácilmente en numerosos comercios, ya sea aquellos que se dedican de manera específica a ese rubro o las tiendas de trabajo interior que los expenden junto a otra variedad de artículos (sahumerios, elementos de Feng Shui, etcétera).

- Consultar en cada capítulo cuáles son las piedras más adecuadas para estimular cada uno de los chakras. Existen varias de ellas para cada núcleo energético: cuando vaya a adquirirlas, confíe en su intuición para saber, dentro de una variedad determinada, cuál es el cristal o la gema adecuada.

- Una vez adquiridos, se hará necesario invertir tiempo conociendo los cristales y gemas. Una buena manera de hacerlo es mirarlos cuidadosamente para captar sus detalles y manipularlos.

- Cuando se esté dispuesto a consagrarlos para realizar el trabajo energético chákrico, esperar a que falten tres días para la luna llena y colocarlos en un recipiente con agua que contenga un poco de sal marina.

- En la noche de luna llena, secar el cristal o la gema con un paño de seda o de algodón blando y ponerlo al aire libre, en un jardín, balcón o en el alféizar de la ventana, de modo tal que absorba los potentes rayos lunares. No preocuparse si la luna está oculta por las nubes: el mineral, igualmente, absorberá lo que necesite.

- Dejarlo toda la noche y, luego, a partir del amanecer, dejarlo doce horas bajo la luz del sol.

- Para finalizar el proceso, realizar una ceremonia sencilla, a fin de consagrar el cristal para su propósito. Encender una vela, sostener la piedra o el cristal en cuestión durante unos instantes, colocando las manos en forma de cuenco, y proferir las siguientes palabras u otras similares de signo similar: "Consagro esta gema (o "este cristal") al servicio del trabajo energético, en pos del amor, la luz y el bienestar". Guardarlos siempre en una bolsita preparada para tal fin, confeccionada en tela.

La meditación

La meditación es otro instrumento del Yoga en pos de alcanzar la armonía. A través de ella, se despierta, se capta y se canaliza energía y se estimulan los chakras y, con ello, se abren ámbitos mentales y espirituales antes cerrados. Las últimas investigaciones científicas han demostrado que los monjes budistas que practican la meditación de manera disciplinada durante años, logran ciertas conexiones neuronales que no se producen en el resto de las personas. Asimismo, ciertas zonas del cerebro "dormidas" en el común de la gente, adquieren un desarrollo notable en estos monjes. Pero... ¿qué es concretamente la meditación? De manera sintética, podríamos decir que es una práctica respiratoria y mental que se propone que el individuo arribe a un estado de concentración absoluta, en el que toda la energía de la persona pueda fluir sin escollos de ninguna índole hacia la Consciencia Cósmica para ser una con ella. En cada uno de los capítulos correspondientes a cada uno de los siete chakras se detallan las meditaciones programadas más adecuadas para armonizar cada núcleo energético. Hemos elegido prácticas meditativas de orden eminentemente visual, en las cuales la persona debe cerrar los ojos para evitar las distracciones con estímulos provenientes del interior, prestar atención a su respiración (para hacerlo de manera correcta y para empezar a conectarse con su interior) para, luego, "proyectar en su pantalla mental" imágenes visuales donde predominan los elementos y colores afines a cada uno de los chakras.

Afirmaciones

Las afirmaciones son frases o conjuntos de ellas (en este último caso, se acercan más a las oraciones o plegarias) que, a través de la repetición, se graban en el inconsciente, se "hacen carne" en nosotros. En el capítulo correspondiente a cada uno de los chakras, presentamos una afirmación que facilitará el desarrollo armónico de cada núcleo energético y hará más fluida la vinculación del individuo con ese chakra en particular y con los elementos e instancias correspondientes.

Aceites aromáticos

Quizás el lector ya sepa que los aceites aromáticos se están utilizando cada vez con mayor asiduidad en el tratamiento de enfermedades (básicamente de índole psicológica) debido a que la vibración que emiten resulta terapéutica, además de ser sumamente agradable debido a sus deliciosos perfumes. Los aceites aromáticos poseen propiedades preventivas y curativas e, incluso, algunas investigaciones muy recientes parecen indicar que son útiles para favorecer la recuperación de los pacientes que se encuentran en terapia intensiva o convalecientes de una enfermedad u operación.

En el caso particular de los chakras, los perfumes o aceites esenciales tienen el benéfico poder de estimularlos y abrirlos para que funcionen en toda su plenitud y existen múltiples formas de utilizarlos en pos de ello.

- Una manera especialmente potente es colocarse unas gotas del aceite en cuestión en la yema de los dedos de una mano y masajear lentamente el chakra en cuestión para que el líquido penetre y se dirija hacia él. Se trata de una modalidad especialmente potente, que despertará bruscamente el núcleo energético en cuestión. Si se opta por esta clase de práctica, el individuo debe saber que, probablemente, se produzca una estimulación por demás brusca y potente de todo lo relativo al chakra potenciado, especialmente en las primeras horas posteriores a la aplicación.

- Otra forma de hacerlo, más suave, es colocar una gotas del aceite elegido en uno de los pequeños hornos que se expenden a tal fin, de modo tal de que la vibración del aceite y sus notas impregne el ambiente y sea incorporado al respirar. Para ello, se deberán mezclar unas gotas de aceite con una cantidad mucho mayor de agua, de modo tal que el propio aceite no se queme directamente, ya que el calor demasiado directo modifica las propiedades de la sustancia ólea y puede alterar sus beneficios.

Ideas para la decoración de ambientes

En el tópico: "Cómo lograr la plenitud ambiental en pos de..." se ofrecen ideas decorativas para ornamentar ambientes de manera tal de que el resultado logrado resulte estimulante para algún o alguno de los chakras. Las sugerencias están fundamentadas en dos aspectos:

1) Por un lado, el color correspondiente a cada uno de los núcleos energéticos.

2) Por otro, los paisajes o aspectos de la naturaleza "preferidos" por cada uno de estos chakras.

Por ejemplo, un ambiente que propicia el desarrollo del primer chakra, deberá contar con elementos decorativos rojos o con íconos que aludan al desierto, a un atardecer o a la tierra.

Si se desea crear un ambiente que estimule más de un chakra, deberán combinarse las sugerencias acerca de los chakras en cuestión.

Talismán planetario

Los talismanes planetarios son objetos convenientemente construidos y consagrados, de manera tal de captar los fluidos de los astros y favorecer con ello a sus poseedores. En el caso específico que nos ocupa, se trata de trabajar en cada chakra con el fluido de su astro regente, de acuerdo a las indicaciones de cada uno de los siguientes capítulos.

Gastronomía energética

Cada uno de los capítulos dedicados a un chakra posee, casi al final, un pequeño número de recetas de cocina que tienen el poder de estimular los distintos núcleos energéticos. Ello se debe a que cada chakra se encuentra relacionado con determinados alimentos o grupos de ellos, de manera tal de que la ingestión de éstos tiene la capacidad de armonizar y equilibrar las energías que manejan estos vórtices energéticos. Por ejemplo, el primer chakra se vincula a alimentos ricos en proteínas, mientras que el tercero lo hace con los cereales.

Ejercicios para la vitalidad

Estimulación cromática de los chakras

El ejercicio que se detalla a continuación combina técnicas respiratorias y visualizaciones con el objetivo de revitalizar los siete chakras. Debe realizarse al aire libre y es preferible hacerlo a primera hora de la mañana, es ayunas.

1) Párese en una postura que le resulte cómoda y realice tres respiraciones profundas de manera costodiafragmática.

2) Inclínese hacia abajo y toque la tierra. Mientras lo hace, visualice el color rojo y sienta cómo inspira este color y lo envía hacia el primer chakra.

3) Comience a levantarse lentamente alzando las manos por delante hasta situarlas frente al ombligo, mientras realiza tres respiraciones profundas inspirando el color naranja.

4) Lleve las manos al tercer chakra (entre el ombligo y la boca del estómago) y realice tres respiraciones inspirando el color amarillo.

5) Extienda los brazos e inspire el color verde.

6) Ponga sus manos sobre su garganta y realice varias respiraciones inhalando el color turquesa.

7) Coloque los dedos índice y mayor de la mano derecha sobre la zona del tercer ojo y respire tres veces, incorporando con el aire la energía del color blanco.

8) Estire los brazos hacia arriba esforzándose para tocar una luz violeta que se derrama sobre su cabeza.

9) Baje los brazos por delante del cuerpo y, cuando lo crea conveniente, dé por finalizado el ejercicio.

Danza para los chakras

La siguiente ejercitación tiene como meta limpiar y energizar los chakras. Para ello, se mueven las zonas del cuerpo que se corresponden a cada núcleo energético, haciendo que la energía recorra paso a paso todos los chakras, eliminando con ello bloqueos y defensas. Si bien esta danza no tiene una duración predeterminada, es conveniente que no dure menos de 15 minutos. Como en todo ejercicio vinculado a los chakras, se comienza por el inferior y se va ascendiendo hasta llegar al séptimo.

1) Coloque una música que sea de su agrado.

2) Rote la pelvis hacia delante y hacia atrás, de manera tal de que parezca que está dibujando con ella la figura de un ocho. Mientras lo hace, no levante los talones del suelo y sienta cómo la energía telúrica penetra en su cuerpo a través de ella.

3) Sin dejar de mover la pelvis, continúe realizando movimientos sensuales que impliquen la zona genital, como si estuviese haciendo el amor.

4) Agregue ahora movimientos en la zona del ombligo, hacia atrás y hacia delante.

5) Sume movimientos de apertura de brazos y pecho. Una imagen que puede ayudarlo es la de un ave en vuelo.

6) Añada giros de su cuello, de manera tal de que su cabeza se mueva hacia los costados, hacia delante y hacia atrás.

7) Perciba cómo todo su cuerpo se mueve de manera libre y armoniosa al compás de la música, y focalice su energía en la zona del sexto chakra, o sea, en el entrecejo.

8) Aminore un poco la velocidad y el ritmo de la danza y conéctese con todo lo que fluye. No hay tiempo, ni mente, ni espacio: usted es toda energía que se mueve.

9) Cuando lo desee, finalice la danza.

Gimnasia suave con pranayama

El siguiente ejercicio permitirá que la energía se traslade a través de los chakras, con los consiguientes efectos energéticos y estimulantes.

1) Párese con las piernas separadas en forma paralela a las caderas.

2) Inspire y, mientras lo hace, levante suavemente los brazos hacia los lados, con las palmas hacia abajo, de manera tal de que sus brazos formen una cruz.

3) Espire el aire y, luego, continúe el camino ascendente de sus brazos mientras inspira hasta que los brazos se encuentren sobre la cabeza con las palmas enfrentadas.

4) En esa postura, visualice una luz de múltiples colores subiendo por la parte delantera de su cuerpo, desde el primer chakra hasta el séptimo.

5) Mantenga esa luz sobre su cabeza durante unos instantes.

6) Baje los brazos suavemente hacia ambos lados de su cuerpo, mientras espira lentamente.

7) Visualice cómo la luz recorre el camino inverso (pero esta vez por la parte posterior de su cuerpo) y va desde el séptimo chakra hasta el primero.

8) Repita la misma secuencia seis veces más.

Visualización cromática

La siguiente ejercitación tiene un doble objetivo: estimular y desbloquear los chakras (y, con ello, sus zonas de influencia o irradiación), y relajar cuerpo y mente.

1) Estírese boca arriba sobre una superficie dura.

2) Cierre los ojos y realice tres respiraciones profundas, siempre de manera costodiafragmática.

3) Centre su atención en el primer chakra y relaje la base de la columna vertebral, el ano, los genitales, las nalgas, las piernas y los pies. A través de estos últimos usted está conectado a la Tierra: permita que la energía y la fuerza de ella fluyan hacia arriba, de manera tal de que diluyan cualquier bloqueo en la zona de influencia del chakra raíz. Mientras lo hace, visualice una luz de color rojo.

4) Concéntrese en el segundo chakra y sienta de qué manera se abre y desbloquea, y cómo envía energía relajante hacia las caderas, el pubis y los genitales internos. Piense en que atrae el poder purificador del agua y, mientras lo hace, visualice una luz color naranja.

5) Sienta el tercer chakra, entre el ombligo y la boca del estómago. A través de él, puede conectar con las energías positivas
del sol, que emite una luz sanadora que tiene efectos benéfi-
cos sobre todo el sistema digestivo. Mientras, visualice una luz
color amarillo dorado.

6) Ahora, usted se encuentra totalmente relajado desde la zona
del estómago hasta los pies. Sienta cómo más de la mitad de su
cuerpo está totalmente floja, absolutamente libre de tensiones.

7) Su atención se dirige, entonces, hacia el chakra cardíaco. Por
medio de él, usted puede atraer a su corazón la libertad y las
facultades del elemento aire para eliminar cualquier bloqueo o
tensión en el pecho, los brazos y las manos.

8) Focalice el chakra garganta y perciba una suerte de movimiento apenas perceptible que nace allí y se traslada a su zona de
irradiación, liberándola de tensiones: cuerdas vocales, oídos,
boca y hombros.

9) Su conciencia está ahora tomando contacto con el chakra
del entrecejo, zona que suele estar tensionada en buena
parte de las personas. Desaloje toda contractura que pueda
haber en ese sitio y expanda esa sensación de bienestar al
resto de la cabeza.

10) Para ir finalizando, sienta cómo el séptimo chakra irradia una
luz violeta que ilumina todo su cuerpo colmándolo de bienestar y felicidad.

11) Permanezca todo el tiempo que desee en este estado de iluminación y dicha.

12) Cuando lo considere conveniente, abra los ojos y estire su
cuerpo, antes de incorporarse.

Ejercicio con gemas

Este ejercicio se centra en recibir energía de las piedras a través de la mano y, desde allí, enviarla a un chakra. Su mano derecha es dadora de energía, energéticamente activa; la izquierda es receptora, energéticamente más tendiente a la pasividad. La idea de esa polaridad es la base de la práctica que se detalla a continuación.

1) Elija una gema de una bolsa de piedras para estimular chakras.

2) Tome la piedra y colóquela en el centro de la palma de su mano izquierda.

3) Relájese y "sintonice" con la energía que la gema le envía. Seguramente, notará algún tipo de activación energética en su mano, su muñeca o, incluso, su brazo. Esa activación podrá hacerse presente de distintas maneras: de forma similar a una pulsación o vibración, en forma de un leve pinchazo, mediante una sensación de calor, etc.

4) Cuando sea consciente de esa modificación energética, diríjala hacia el chakra que usted considere que necesita mayor atención.

5) Perciba cómo la energía de la piedra viaja por su cuerpo, desde la mano hasta llegar a la zona del chakra correspondiente.

6) Sienta de qué manera el caudal energético toca el chakra, lo penetra y, al estar en su interior, lo revitaliza, lo hace "florecer".

7) Continúe enviando la energía que recibe a través de la palma de la mano hacia el chakra elegido.

8) Cuando sienta que ya ha trabajado lo suficiente sobre ese chakra, vuelva a focalizar su atención en la palma de su mano y, cuando lo desee, finalice el ejercicio.

Agnisara: la purificación del fuego

Recibe este nombre un ejercicio de respiración que tiene como meta aumentar el fuego interno. Para ello:

1) Siéntese con las piernas cruzadas y al columna erguida y recta.

2) Cierre los ojos y relaje todo su cuerpo.

3) Inhale y, al exhalar por la nariz, lleve con energía el ombligo hacia la columna vertebral para activar la zona abdominal.

4) Repita diez veces.

Con la práctica y el paso del tiempo, podrá ir aumentando la cantidad de respiraciones o descansar luego de una serie de diez y repetirla.

La respiración costodiafragmática

Esta modalidad de respiración es la recomendable para utilizar en todos los ejercicios de visualización meditativa a fin de armonizar los chakras. Esta forma de respiración se opone a la respiración pectoral alta, que, al inspirar el aire, levanta la zona del pecho y los hombros; es una costumbre altamente perjudicial por motivos varios. No permite la plena oxigenación del organismo, ya que el caudal de aire que entra resulta insuficiente y, además, es sumamente tensionante porque con cada inspiración endurece la zona de los hombros y los músculos que están entre éstos y el cuello.

Contrariamente, en la respiración costodiafragmática al aire inspirado se envía hacia la región del abdomen. Esta zona permite almacenar un mayor caudal de aire, de manera tal de que se resulte suficiente para una buena oxigenación, además de dejar libre de tensiones los hombros y el cuello.

Para respirar en forma costodiafragmática:

1) Colóquese en una postura corporal que le resulte cómoda. Puede ser sentado, o bien acostado boca arriba con los brazos relajados a los costados del cuerpo.

2) Inspire por la nariz de forma lenta y profunda y aloje el aire en la zona del abdomen. Perciba cómo el aire que entra eleva su abdomen. Si lo desea, durante los primeros ejercicios, puede colocar una mano sobre el abdomen y otra sobre la zona pectoral para percibir (y controlar) cómo con la entrada del aire se levanta la zona abdominal pero no la pectoral.

3) Sin retenerlo, suéltelo. De la misma manera en que percibió cómo su abdomen se elevaba con la entrada de aire, y sienta ahora cómo va bajando a medida que exhala el aire.

4) Espere unos segundos y repita el ciclo.

Equilibración con gemas y cristales

Piedras y cristales son, entre otros muchos, preciosos regalos que nos ofrece la madre tierra. Todas ellas, sean claras u oscuras, pocas o transparentes, tienen una estructura interna equilibrada y potenciales poderes de curación, siempre que se los conserve y utilice de manera adecuada.

A la hora de conservar y cuidar las piedras y cristales, es bueno seguir algunos consejos:

- Las gemas y cristales pueden adquirirse en un comercio, recogerse de un yacimiento, recibirlas como obsequio, etc. Es indistinto, siempre y cuando no tenga alguna veta negativa en su origen, tal como ser robada o regalada por una persona que no nos merece plena confianza, por ejemplo.

- Es importante que su forma sea lo más armónica posible y que no está dañada, para que suceda otro tanto con las vibraciones que emiten.

- Antes de comenzar a utilizarlas es importante (si bien no imprescindible) consagrarlas para el fin con que vayan a ser utilizadas. Para ello: lávela con agua fría y sin jabón u otra sustancia similar; déjela secar en contacto con el aire, sin utilizar ningún paño ni toalla; pásela luego a través del humo de un sahumerio o incienso y, al hacerlo diga "esta gema (o cristal) sólo podrá trabajar para el amor, el bienestar y la luz con el propósito de equilibrar el chakra ...(mencionar el que se va a tratar)...".

- Luego de utilizarlas, lávelas siempre con agua fría y deje que se sequen en contacto con el aire.

- Guárdelas siempre en una bolsita confeccionada para tal fin, hecha de tela.

El primer chakra: la raíz y el soporte

El primer chakra es Muladhara. *Mula* significa "raíz" y *adhara* "soporte".

Nombres con que se lo conoce

- Muladhara.
- Básico.
- Raíz.
- Fundamental.

Ubicación en el canal central

Primero, comenzando desde abajo y séptimo y último comenzando desde arriba.

Color básico predominante

Rojo. El rojo es el color por excelencia de la vibración, es un tono por demás estimulante que otorga fuerza y vitalidad al cuerpo. Terapéuticamente, se utiliza para condiciones energéticas asociadas con la presión arterial baja, la inactividad y la impotencia sexual. Por sus características vibracionales, el rojo puede excitar, pero hay que manejarlo con cuidado ya que en exceso puede producir sentimientos de furia.

Ubicación en el cuerpo

La base de la columna, en el perineo, o sea, entre los genitales externos y el ano.

Área de irradiación

La zona del perineo, la base de la columna vertebral, el intestino, las piernas, las rodillas, y los talones.

Conexión glandular

El primer chakra se corresponde con los vasos linfáticos, los cuales forman un sistema de transporte secundario (ya que las venas y la sangre constituyen el primario) que ayuda a eliminar del cuerpo los materiales de desecho. Los vasos linfáticos también auxilian en la tarea de restaurar el volumen de plasma en la sangre y en llevar proteínas a los capilares. Los ganglios linfáticos (que se ubican en distintas zonas del cuerpo) ayudan en la tarea inmunlógica, atrapando bacterias indeseables y otros elementos nocivos para el organismo. Forman parte del sistema defensivo que pone al cuerpo en estado de alerta inflamándose cuando sobreviene alguna infección.

Mandala que lo representa

Flor de loto de cuatro pétalos de color rojo. En el centro, hay un cuadrado amarillo que representa a prithivi, el elemento tierra, y que está rodeado por ocho lanzas. En el centro se encuentra el bija mantra *Lam*, que es de color amarillo y activa la energía del loto. También hay un triángulo invertido, que simboliza al yoni (los genitales femeninos) dentro del cual se introduce el lingam (órgano masculino). El lingam hacia abajo simboliza el poder generador y, alrededor de éste, aparece una serpiente enroscada tres veces y media, que alude a la Kundalini, la creación misma, la energía psicosexual. Eso señala que es allí donde se encuentra el potencial humano que puede desarrollarse hacia estados de consciencia más elevados.

Dioses que habitan este chakra

La divinidad correspondiente a este núcleo energético es Brahma, dios masculino, de índole creadora por excelencia y que tiene la misión de personificar el costado positivo del cambio evolutivo universal. Sus imágenes suelen constar de cuatro rostros e igual cantidad de brazos, rasgos que aluden a la luz de la consciencia que ilumina todo el campo de la existencia. En una de sus manos sostiene un cucharón que utiliza en los sacrificios que realiza y, en la otra, porta el collar de la meditación.

La deidad femenina es Shakty Dakini, esposa de Brahma, que asume el rol de "guardiana del umbral", cuidando el chakra Muladhara, primer y necesario escalón en el noble ascenso hacia los chakras superiores. Su imagen muestra a una mujer muy hermosa, de ojos inyectados y, al igual que su consorte, cuatro brazos. Shakty Dakini se encuentra sentada sobre una flor de loto rojo. En sus manos porta una serie de elementos de simbolismo variado: una espada sacrificial, una lanza, una copa y un bastón que remata en una calavera.

Animal hindú que lo simboliza

Airavata, elefante blanco de siete trompas que fue creado por el dios Brahma y que sostiene a la energía Kundalini dormida, de modo tal de indicar que es el soporte para su ulterior desenvolvimiento. Este animal hace referencia a la estabilidad de la Tierra (ya que sus poderosas piernas se consideran los cuatro pilares que sustentan el peso del Universo) y en la India es honrado como símbolo de prosperidad, ya que es el encargado de concederle a los seres humanos sus bienes materiales.

Elemento regente

Se corresponde con el elemento tierra, lo que significa que se vincula a una materia muy densa desde el punto de vista físico. La tierra es lo pesado, lo que está por debajo, lo que nos mantiene unidos y conectados con el mundo y con la idea de realidad. Piénsese en lo que significa la expresión popular: "tener los pies en la tierra": alude a una buena conexión con las circunstancias, a no dejarse engañar por falsas ilusiones y a poder accionar sobre la realidad concreta. El primer chakra, además, por ser el que se encuentra más cerca del suelo, es el encargado de tomar energía telúrica y procesarla, además de –como todo chakra– hacer otro tanto con el prana o energía universal.

Planeta regente

Marte, el planeta rojo, es el que se corresponde con este chakra. Simboliza (en su faceta positiva) la fuerza, la presencia de ánimo, la capacidad de lucha y sacrificio, el coraje, la decisión, la resistencia, el movimiento y la energía. Desde lo negativo, se lo asocia al espíritu de venganza, los actos temerarios, los impulsos violentos y la brutalidad.

●●●

> El primer chakra otorga una base segura a partir de la cual podemos construir nuestra vida. La energía asciende desde abajo hacia arriba constituyendo la vitalidad, que es expresada por la corporalidad.

Conceptos claves e ideas fuerza del primer chakra

- Muladhara es el fundamento estable desde donde comienza el desarrollo y la evolución, es la base misma de la vida, que toma la energía de la tierra a través de los pies que están en contacto con el suelo y la impulsa hacia arriba, mediante las piernas, para procesarla, estabilizarla y utilizarla en pos del desarrollo psico-físico y espiritual. Es el estadio de energía más básico y se caracteriza por un fluido energético poco sutil. Es el arraigo de y en lo material.

- El primer chakra es (desde el punto de vista metafórico) el hambre, en el sentido de buscar de manera casi instintiva todo aquello que nos resulta imprescindible para mantener la vida.

- Es allí donde moran todos los aspectos y costados del ser humano relacionados con lo más básico y primitivo: el deseo de vivir, el instinto de supervivencia, el anhelo de procreación y la necesidad de seguridad, tanto física como material.

- Los objetivos de la encarnación terrestre y presente también residen en Muladhara, ya que nos conecta con aquello que nos ha tocado ser en este aquí ahora de la encarnación actual, nos "enraiza" (y de allí su denominación de chakra raíz) con nuestra existencia.

- Tiene la misión de conectarnos con la higiene, la salud, la alimentación, el dinero, los bienes materiales y el hogar.

- Asimismo es el que contiene la información sobre la familia biológica y nos conecta con nuestros antepasados. Las emociones y recuerdos vinculados al primer chakra tienen relación con las experiencias tempranas de la infancia y la familia de origen. Por eso, es la base sobre la que se "edifican" todos los demás chakras.

- Desde allí, desde ese lugar básico y primitivo, nos concede la posibilidad de trascenderlo, de ir más allá de él y de comenzar el camino ascendente hacia otros centros energéticos superiores donde anida una energía más del orden de lo sutil. Sin embargo, se debe emprender ese sendero hacia lo superior sin descuidarlo, ya que la supervivencia y la seguridad física constituyen el primer peldaño en la escalera que lleva al desarrollo pleno de la consciencia y a la evolución total y plena del ser humano.

●●●

Los aprendizajes realizados en la familia de origen (que quedan "almacenados" en el primer chakra) se reflejan en la forma en que miramos al mundo en general y en las diferentes maneras en que encaramos los distintos vínculos emocionales a lo largo de nuestra vida.

Signos de buen funcionamiento

Un primer chakra armonizado y libre de bloqueos se evidencia en una persona en quien las energías vitales se encuentran balanceadas. En esos individuos resalta de manera notable la plena confianza que tienen en sí mismos y en la vida, lo que los hace capaces de dominar los deseos, sin dejar que éstos los dominen a ellos. No son hiperquinéticos ni andan por la vida "a las apuradas", pero tampoco resultan abúlicos ni faltos de entusiasmo.

Son excelentes a la hora de emprender luchas y aceptar desafíos y, valga la metáfora, se trata de seres que tienen "los pies bien puestos sobre la tierra". Un chakra raíz libre de bloqueos también se hace evidente en una vida sexual satisfactoria, un buen ritmo intestinal, unas piernas fuertes y en la ausencia de problemas en la columna vertebral.

Signos de funcionamiento deficiente

Cuando Muladhara se encuentra desarmonizado se hacen presentes uno o varios de los siguientes síntomas: dolor en la parte baja de la espalda, diarrea, constipación, hemorroides, prurito anal, várices, sensación de cansancio y molestias en las piernas, talones doloridos y problemas de rótula. En el ámbito psicológico, su disfunción puede manifestarse a través de fuertes sentimientos de inseguridad, autoestima baja o prácticamente inexistente y, eventualmente, comportamiento violento y agresivo. La incapacidad para plantearse desafíos y luchar por lo que se desea, también es un indicio claro de que algo no funciona del todo bien en el primer chakra.

●●●

Muchas veces, la pérdida de energía del primer chakra se produce por atarse a las antiguas experiencias negativas que provienen de vínculos dolorosos de la primera infancia.

Kit de trabajo para operar sobre el primer chakra

Asanas

La postura profunda del diamante

1) Separe las rodillas y siéntese entre los talones, de modo tal de que los glúteos toquen el piso, las pantorrillas queden a los lados y los pies permanezcan bien separados.

2) Rote los hombros hacia atrás, de manera tal de colocar las manos hacia arriba con el dorso hacia al piso. Al efectuar de manera correcta ese movimiento, deberán abrirse el pecho y el abdomen.

3) Controle que la cabeza esté en la línea de la columna, los brazos relajados y que la respiración sea lenta y rítmica.

4) Perciba el contacto de los glúteos sobre el piso, la sensación de los isquiones sosteniendo la pelvis y del ombligo que se hunde acercándose a la columna.

5) Concentre la atención en la zona del primer chakra y sea consciente de que allí existe un foco energético.

La postura de la tortuga

1) Siéntese con las piernas flexionadas, las rodillas hacia fuera lo más cerca posible del piso, las plantas de los pies juntas y coloque las manos sobre las rodillas.

2) Inhale y, al exhalar, alargue y baje el tronco hacia delante llevando la frente hacia los pies y las manos hacia los empeines.

3) Cierre los ojos y concentre la atención en la respiración costo-diafragmática profunda.

4) Focalice la atención en la zona del primer chakra y sea consciente de que allí existe un foco energético.

Ejercicio de Reiki tibetano

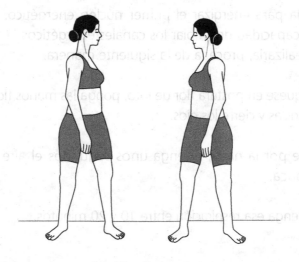

1) Párese en la posición básica: las piernas separadas del ancho de la cadera, y los pies levemente orientados hacia fuera.

2) Destrabe las rodillas al aflojar los hombros y deje caer los brazos.

3) Gire las palmas de las manos hacia el cuerpo y el torso hacia la izquierda y luego hacia la derecha, hasta ubicar una mano frente al pubis y la otra frente al coxis.

4) Sienta cómo las manos transmiten energía a esa zona.

5) Mientras se percibe el fluido energético en movimiento, emita el tono correspondiente al primer chakra *Lam*, preferentemente con la boca semiabierta y visualizando mentalmente el color rojo.

6) Permanezca de esa manera 3 minutos.

7) Finalice el ejercicio.

Técnica respiratoria para la activación

De todas las modalidades respiratorias que ofrece el arte del pranayama, la denominada "respiración de limpieza" es la más adecuada para energizar el primer núcleo energético. Además, tiene la capacidad de limpiar los canales energéticos.

Para realizarla, proceda de la siguiente manera:

1) Colóquese en postura flor de loto, ponga las manos flojas sobre las rodillas y cierre los ojos.

2) Inhale por la nariz, retenga unos segundos el aire y exhale por boca.

3) Mantenga esa respiración entre 10 y 20 minutos.

Cristales y piedras preciosas para la estimulación

- **Ágata:** incrementa la voluntad para cumplir con los objetivos y proporciona alegría de vivir. Resulta de suma utilidad para aquellos individuos que temen a la pobreza y a las privaciones. Se trata de una gema que también ayuda en el proceso de equilibrar las energías internas masculinas y femeninas, el Yin y Yang interno de cada persona.

- **Cuarzo ahumado:** favorece la sensación de calma, la concentración y el afianzamiento. Asimismo, ayuda a mitigar el miedo, el pánico, las fobias y los estados de shock.

- **Cuarzo níveo:** cura el resentimiento y, al mismo tiempo, estimula a "mantener los pies sobre la tierra" y tener una buena conexión con la realidad.

- **Cuarzo rosáceo:** puede emplearse para todos los chakras. En el raíz favorece la autonutrición y eleva la autoestima. Proporciona la cualidad del amor materno, cálido e incondicional y, por esa razón, ayuda a curar y a paliar los sufrimientos de todos los individuos carentes de afecto.

- **Granate:** de alto poder regenerativo, favorece la curación y sanación de la carne y de los tejidos. También otorga consuelo a los necesitados y ayuda a superar situaciones de pérdidas, cambios y crisis.

- **Ojo del Tigre:** estimula la fertilidad y otorga unidad y fuerza. Asimismo, cumple una función protectora en los momentos de peligro y resulta por demás útil cuando hay dificultades que salvar.

- **Ónix:** concede fortaleza, vigor y vitalidad, disminuye la sensación de "cansancio existencial" y alivia a quienes sienten que las responsabilidades que tienen resultan una carga excesiva.

- **Restañasangre:** de propiedades altamente purificantes, es una piedra por demás útil en casos de alteraciones de la circulación sanguínea. También ayuda para adquirir habilidades prácticas y materiales.

- **Rubí:** nutre, vigoriza y calienta. Asimismo, mitiga sentimientos de venganza y rencor. Fortalece los pétalos del chakra Muladhara.

Meditación visual programada para la armonización

1) Acuéstese boca arriba en un sitio silencioso y donde esté a salvo de interrupciones.

2) Cierre los ojos y focalice la atención en la respiración, cuyo aire debe ir a la zona baja del estómago.

3) Sienta cómo el aire entra al organismo, permanece un tiempo en su interior y luego lo abandona.

4) Visualice mentalmente la tierra. Perciba un suelo terroso con todas sus rugosidades, sus distintos colores, etcétera.

5) Comience un viaje al interior de esa tierra: atraviese con los ojos mentales la línea que separa el aire de la tierra y visualice ese mundo subterráneo en todos los detalles posibles: las raíces de los diferentes árboles y plantas que en él se encuentran, la existencia de lombrices, la filtración de vetas de agua, etcétera.

6) Conéctese con el silencio y la paz de ese cosmos subterráneo, perciba su temperatura fresca y agradable y su humedad que es sinónimo de potencialidad de vida.

7) Centre la atención en el aire que inspira de ese mundo silencioso y pacífico y envíelo al primer chakra.

8) Perciba de qué manera la corriente energética del aire comienza a fluir por el chakra raíz. El aire circula por él y, con cada segundo que transcurre, lo libera de bloqueos, lo armoniza y lo equilibra.

9) Disfrute de la sensación de tener el primer chakra en total equilibrio y armonía.

10) Sienta cómo, con la energización del chakra raíz, crecen en usted los sentimientos de seguridad, autoestima y autoconfianza.

11) Instálese de manera plena y total en ese momento y en esa sensación. No hay prisa ni apuro: esa meditación y esa visualización lo abarca todo en un sentimiento de paz absoluta.

12) Dé gracias a la tierra por poder haber estado en su interior y por haber tomado parte de su energía para recargar el primer chakra.

13) Comience el viaje mental ascendente y suba hasta dejar el interior de la tierra y estar nuevamente en su superficie.

14) Estire el cuerpo.

15) Abra los ojos y dé por finalizada la meditación.

Afirmación

"A través de mis raíces, la fuerza de la vida se recarga y se renueva en mí, en esta encarnación que agradezco. Soy parte de la tierra y, desde allí y agradecido, comienzo el camino de ascenso hacia la trascendencia. Sobrevivo y vivo y todo lo que me propongo, a través del trabajo y la constancia, lo puedo lograr".

Aceites aromáticos

- Violeta para la armonización general.
- Para su relajación, benjuí.
- Si se desea estimularlo, romero.

Cómo lograr la plenitud ambiental en pos del primer chakra

Los elementos decorativos que se detallan a continuación harán que un ambiente sea propicio para estimular el primer chakra.

- Una bombita de luz de color rojo.

- Cualquier otro elemento decorativo del mismo color: un mantel, un ramo de flores, un jarrón, un tapiz, etcétera.

- Un cuadro o fotografía donde se visualice la tierra, un desierto o un paisaje durante el crepúsculo.

Un talismán planetario

- El mejor momento para confeccionarlo es el martes, día consagrado al planeta Marte, regente del primer núcleo energético.

- Se requieren los siguientes materiales: una pequeña placa redonda de hierro y un buril pintado de rojo.

- Se procederá, entonces, a grabar con el buril en una de las caras del disco, el símbolo del planeta Marte.

- Una vez grabado, se deberá consagrar el talismán. Para ello, se colocarán sobre unos carboncitos encendidos, las siguientes hierbas y sustancias: mejorana, benjuí y alcanfor pulverizado y se sahumará el talismán durante unos minutos, sosteniéndolo por encima del humo a unos pocos centímetros de distancia.

- Este talismán puede colgarse al cuello y llevarse de manera permanente o puede colocarse diariamente sobre el primer chakra durante unos minutos.

Gastronomía energética

Platos para estimular el primer chakra

El primer chakra está asociado al consumo de nutrientes ricos en proteínas: huevos, lácteos, carnes rojas y blancas, pescados, soja, legumbres, etcétera. A continuación, presentamos algunas recetas que potencian el chakra raíz.

Croquetas de atún

Ingredientes:

200 g de atún enlatado, escurrido
2 papas peladas y cortadas en cubos
1 cucharada de manteca
2 huevos batidos
1 cucharada de cebolla picada
Pan rallado, cantidad necesaria para rebozar
Aceite neutro, cantidad necesaria para freír
Sal y pimienta

Preparación
1) Hervir las papas durante aproximadamente veinte minutos, colarlas y hacer un puré añadiendo la manteca y condimentando con sal y pimienta. Dejar entibiar.
2) Incorporar al puré el atún escurrido y la cebolla picada. Hacer las croquetas, tomando porciones del puré y dándoles forma

esférica. Pasarlas por el huevo batido y por el pan rallado. Reservar en el refrigerador dos horas por lo menos.

3) Calentar bien el aceite y freír las croquetas por tandas. Escurrir sobre papel absorbente y servir. Se pueden acompañar con una ensalada de hojas verdes.

Huevos con morrones picantes

Ingredientes:
2 cebollas cortadas en juliana
5 morrones verdes, sin el centro ni las semillas, cortados en juliana
3 cucharadas de aceite
1 diente de ajo picado
3 chiles picantes sin semillas y picados
Medio kilo de tomates peritas pelados y cortados al medio
4 huevos grandes
Sal y pimienta

1) Calentar bien el aceite a fuego lento, en una olla grande y con tapa.
2) Agregar las cebollas y cocinar muy suavemente durante unos quince minutos, revolviendo de cuando en cuando hasta que estén blandas, pero antes de que adquieran color.
3) Añadir los morrones, el ajo y los chiles y cocinar veinte minutos más, hasta que los morrones se hayan ablandado.
4) Agregar los tomates con el corte hacia abajo y cocinar diez minutos más, hasta que comiencen a soltar el jugo. Agregar la sal y la pimienta.
5) Hacer cuatro hoyos en la mezcla y romper con cuidado un huevo entero en cada uno de ellos.
6) Tapar la olla y seguir cocinando hasta que los huevos estén apenas cuajados.
Servir con pan.

Ternera con tofu

Ingredientes:

400 g de filetes de ternera
200 g de tofu cortado en cubos
1 cucharada de manteca
1 taza de caldo de verdura
1 cucharada de harina o de fécula de maíz
2 cucharadas de perejil picado
Sal y pimienta

Preparación

1) Derretir la manteca en una sartén grande. Condimentar con la sal y la pimienta los filetes de ternera y saltearlos unos minutos.
2) Agregar el caldo y cocinar quince minutos.
3) Añadir el tofu, cocinar cinco minutos más y agregar la harina o la fécula de maíz, para espesar. Espolvorear con perejil picado y servir.

Pollo con cus-cus

Ingredientes:

2 pechugas de pollo, deshuesadas y sin la piel
2 cucharadas de aceite
1 taza de vino blanco seco
1 pizca de comino molido
2 cucharadas de perejil picado
150 g de cus-cus
2 cucharaditas de jengibre rallado
1 taza de caldo de pollo
1 echalote picado
2 tomates pelados y picados
½ morrón verde picado
Jugo y cáscara rallada de 1 naranja
Sal y pimienta
1 cucharada de cilantro picado

Preparación:

1) Calentar una cucharada de aceite en una sartén y agregar las pechugas de pollo. Condimentar con sal, pimienta y comino, y saltearlas unos minutos para sellarlas.

2) Ubicar las pechugas en una fuente, añadir el vino blanco y cocinar en horno con fuego moderado por cuarenta minutos. Reservar al calor.

3) Condimentar el cus-cus con sal, pimienta y jengibre.

4) Hervir el caldo, apagar el fuego e incorporar el cus-cus. Dejar descansar hasta que el líquido se haya absorbido completamente.

5) Calentar la cucharada restante de aceite en una sartén, agregar los tomates, el morrón y el echalote y condimentar con la sal, la pimienta y el jugo y la cáscara de naranja. Cocinar durante quince minutos, licuarla y volver a calentar.

6) Ubicar las pechugas sobre el cus-cus y bañarlas con la salsa de tomates. Espolvorear con el cilantro picado y servir.

●●●

Preguntas orientadoras para conocer el funcionamiento del primer chakra

1) ¿Cómo me relaciono con las cuestiones materiales?

2) ¿Qué opinión me merecen los diferentes aspectos de mi vida actual?

3) ¿Tengo conocimiento de alguna encarnación anterior? Si es así: ¿de qué manera obtuve ese conocimiento? ¿Cuáles eran mis características en esa encarnación anterior?

4) ¿Qué tan fuerte es mi deseo de aferrarme a la vida? ¿Qué estaría dispuesto a hacer para lograrlo?

5) ¿Hasta qué punto y en qué circunstancias me dejo manejar por mis instintos?

6) ¿Cómo es mi relación con mis hijos? En caso de no tenerlos: ¿Cómo me imagino que sería el vínculo?

7) ¿Qué importancia tiene la alimentación en mi vida?

8) ¿Qué importancia le doy al cuidado de mi salud?

Ejercicios a partir de las respuestas a las preguntas orientadoras

1) Confeccione una lista con aquellas cuestiones materiales de su vida que considera irresolutas o mal resueltas. A la derecha, proponga –como mínimo– dos posibles soluciones para cada una de ellas.

2) Realice un listado acerca de la opinión que le merece cada uno de los aspectos actuales de la vida: económico, sexual, laboral, social, etcétera. Califique cada uno de ellos con una puntuación de o a 10 (diez el más alto, cero el más bajo) y escriba una posible solución para todos aquellos que hayan obtenido una puntuación menor a cinco.

3) Compare la experiencia de su encarnación anterior con la actual. Escriba tres enseñanzas que pueda extraer de algunas de sus vidas pasadas.

4) Confeccione dos listas: una donde escribirá todo aquello que es capaz de hacer para conservar la vida y otra donde dará cuenta de lo contrario. Medite acerca de las implicancias morales y éticas de cada uno de los listados.

5) Haga una lista con las situaciones de su vida de los últimos seis meses en las cuales prevaleció su instinto. Evalúe cada una de ellas de la siguiente manera: califíquela de positiva si tuvo buenas consecuencias y de negativa si su efecto fue perjudicial. A continuación, proponga una alternativa racional posible a todas aquellas situaciones que obtuvieron una calificación negativa.

6) Realice un dibujo abstracto que simbolice la relación con sus hijos. Luego, pregunte a diferentes personas qué opinión les merece ese dibujo y medite acerca de las respuestas obtenidas.

7) Confeccione una lista de actitudes suyas vinculadas a los alimentos que usted considera que la perjudican de alguna manera y proponga una solución posible para cada una de ellas.

8) Realice una lista de actitudes suyas vinculadas a su cuerpo que usted considera que perjudican su salud y proponga una alternativa positiva posible a cada una de ellas.

El segundo chakra: la propia morada

Svadisthana es el segundo chakra, nombre que significa lo siguiente: *sva*, "lo propio", "lo que es" y *adisthana*, "morada" o "asiento".

Nombres con que se lo conoce

- Svadisthana.
- Del bazo.
- Sacro.
- Sacral.
- Del ombligo.
- Umbilical.

Ubicación en el canal central

Segundo, comenzando desde abajo, y sexto comenzando desde arriba.

Color básico predominante

Naranja, tonalidad alegre que tiene el poder de estimular. En cromoterapia, se lo suele utilizar frecuentemente como antidepresivo. En el segundo chakra, este color estimula los riñones y el aparato urinario.

Ubicación en el cuerpo

Zona del coxis.

Área de irradiación

El hueso púbico, las caderas, los ovarios, los testículos, la próstata, los riñones y el aparato urinario.

Conexión glandular

Las gónadas son la relación glandular del chakra raíz. Se trata de los testículos en el hombre y de los ovarios en la mujer.

Las gónadas masculinas o testículos son dos cuerpos ovalados que se encuentran suspendidos en el escroto y que producen hormonas masculinas, como la testosterona.

Los ovarios son los órganos de la reproducción en la mujer o gónadas femeninas. Son dos, tienen forma de almendra y están situados a ambos lados del útero. Los folículos ováricos producen óvulos, o huevos, y también segregan un grupo de hormonas denominadas estrógenos, necesarias para el desarrollo de los órganos reproductores y de las características sexuales secundarias: amplitud de la pelvis, distribución de la grasa, crecimiento del vello púbico, etcétera.

Mandala que lo representa

El segundo chakra está representado por un mandala que contiene una flor de loto de seis pétalos de color naranja con un bindu encima de cada uno de ellos, de modo tal de aumentar su poder. Un bindu o gota, es una forma que alude al absoluto impactando en el tiempo y dando, de esa manera, origen a los pares de opuestos. Su elemento es el agua, que aparece representada por una media luna rodeada a cada lado de ocho pétalos blancos. Los pétalos de este mandala se organizan en derredor de un círculo que alude a lo psicológico. Le corresponde el bija mantra Vam, asimismo de color blanco.

Dioses que habitan este chakra

La divinidad masculina que mora en Svadisthana es Vishnu, segunda persona de la trinidad hindú y dios de color azul, que tiene la misión primordial de preservar y cuidar todo lo creado. Asimismo, esta deidad se encuentra relacionada con lo erótico, lo sensual y lo sexual pues una de sus encarnaciones es Krishna, el pastor que enamora a todas las mujeres.

La divinidad femenina correspondiente a este chakra es Rakini, diosa del mismo color que su contraparte masculino, que blande una lanza, un loto, un tambor y un hacha guerrera. Tiene un aspecto feroz como consecuencia de representar la energía de lo pasional, pero también posee un costado benéfico, ya que concede los deseos que se le pidan.

Animal hindú que lo simboliza

Makara, bestia anfibia de corte legendario, muy similar al actual cocodrilo y que representa al animal más grande y poderoso que mora bajo las aguas. Simbólicamente, alude a los peligros que moran en el interior del ser humano, especialmente aquellos de índole inconsciente.

Elemento regente

El agua –elemento de signo eminentemente femenino– es el regente del chakra sacro. Se trata de una sustancia primordial para la vida y, por ser de índole femenina, se asocia a la Luna. El movimiento de los océanos está gobernado por la Luna y el mar representa lo desconocido y lo infinito. Simbólicamente, el océano cósmico es fuente de toda la vida y es el lugar al cual la vida ha de volver para disolverse. Por otra parte, los ríos son símbolo de fertilidad al regar la tierra y permitir el desenvolvimiento de la vida en ella.

El agua también se relaciona con el inconsciente y la transformación.

Tal como se podrá apreciar, en el área de irradiación del segundo chakra se encuentran los riñones y el aparato urinario, dos zonas corporales muy vinculadas a su elemento correspondiente.

Planeta regente

En realidad, no se trata de un planeta propiamente dicho, sino de otro tipo de astro celeste conocido como "satélite": la Luna. A lo largo de los siglos y hasta de los milenios, la Luna ha sido el astro femenino por excelencia, una suerte de "esposa del Sol". Mirado desde la perspectiva china, la luna se asocia a todo aquello considerado de signo Yin: la noche, los sueños, la fantasía, el inconsciente y la intuición.

Conceptos claves e ideas fuerza
del segundo chakra

- Svadisthana constituye la sede del nacimiento y del despertar de la consciencia. Esa energía por demás básica y primitiva del chakra anterior comienza a hacerse más sutil al empezar su camino ascendente y arribar a este núcleo energético.

- Es el chakra de la sed espiritual que ya comienza a manifestarse.

- La sexualidad, en un sentido amplio, también se relaciona con el segundo chakra. Y decimos "en sentido amplio" ya que no refiere solamente al acto sexual en sí, sino que también incluye la aceptación y la consciencia de la sexualidad, las opciones sexuales y lo que significa ser hombre o mujer en una determinada época y cultura.

- El erotismo, como forma no genital de la sexualidad, también se vincula a este chakra. La posibilidad de disfrutar del propio cuerpo y del ajeno está íntimamente asociada a este núcleo energético. En él, se evidencia el impulso sexual no ya como mera pulsión o instinto o como anhelo de procreación, sino como capacidad de autoexpresión y de relación con el otro.

- La sensualidad, en tanto capacidad de gozar de los placeres de los sentidos no vinculada a lo erótico, es asimismo una función de este chakra. Disfrutar de una buena comida, gozar de una música agradable o alabar el olfato con un perfume, es viable porque este núcleo energético lo hace posible.

- El dolor y la capacidad de dar y recibir también anidan en él. En tanto y en cuanto Svadisthana se vincula al placer y al goce, al no obtenerlos o al no poder ofrecerlos, se produce sufrimiento.

●●●
En el segundo chakra la sexualidad se sublima en
un erotismo sutil vinculado al arte tántrico de amar
y, por ende, se produce la danza de energías masculinas y femeninas. Es en este plano que las personas se unen sexualmente a través de una vibración
superior, las energías se funden conformando una
unidad y se tiende al orgasmo cósmico.

Signos de buen funcionamiento

Cuando este centro energético se encuentra funcionando a
pleno, la persona se siente plenamente integrada con sus se-
mejantes y se caracteriza por su activa creatividad, su posibilidad de disfrutar de la vida en todos sus aspectos y su autoestima alta. Desde lo físico, un segundo chakra libre de bloqueos
se hace evidente en una buena capacidad de respuesta sexual,
fertilidad y, en el caso particular de las mujeres, menopausia a
edad muy avanzada.

Signos de funcionamiento deficiente

Un chakra sacro que sufre algún tipo de desarmonía o bloqueo
se caracteriza por uno o varios de los siguientes síntomas: ciáti-
ca, dolores en la zona de la pelvis, problemas del tracto urinario
(micción dolorosa, cistitis), cálculos renales, dolencias del útero y
de la próstata, quistes ováricos, impotencia sexual y anorgasmia,
entre otros problemas. En el aspecto psicológico, es común que
se presenten temores vinculados a la sexualidad, tales como sentimientos de culpa e inhibiciones.

> Los sentimientos de vergüenza y de negación de la propia sexualidad generalmente son consecuencia de la educación (tanto paterna como escolar), los prejuicios y la convicción religiosa. A través del segundo chakra, se podrán identificar los propios deseos y vivirlos de forma plena.

Kit de trabajo para operar sobre el segundo chakra

Asanas

La postura del ángulo unido en el piso

1) Acuéstese de espaldas y flexione las piernas juntando las plantas de los pies.

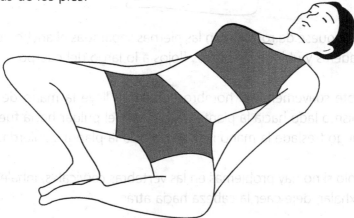

2) Permita que las rodillas caigan hacia el piso o lo más cerca de éste que pueda, sin que le cause dolor.

3) Mantenga la atención focalizada en la sensación de apertura que experimenta en la zona de las ingles.

4) Realice varias respiraciones costodiafragmáticas profundas.

5) Perciba de qué manera en cada exhalación las rodillas se aflo-jan, caen un poco más y las ingles se abren más.

6) Luego, estire las piernas y relájese.

La postura del camello

1) Colóquese de rodillas con las piernas separadas el ancho de las caderas y ubique los brazos flojos a lo largo del cuerpo.

2) Rote suavemente el hombro derecho y lleve la mano de ese mismo lado hacia la planta del pie, con el pulgar hacia fuera y luego traslade la mano izquierda hacia la planta izquierda.

3) Sólo si no hay problemas en las vértebras cervicales, inhale y al exhalar, deje caer la cabeza hacia atrás.

4) Relaje la cara y concéntrese en respirar costodiafragmática-mente al tiempo que el pecho se abre.

5) Para volver a la posición de inicio realice el camino inverso: comience por enderezar la cabeza, luego un hombro y final-mente el restante.

Ejercicio de Reiki tibetano

1) Separe las piernas del ancho de la cadera, oriente levemente los pies hacia fuera y destrabe las rodillas.

2) En esa posición, estire lateralmente los brazos hacia arriba, gírelos lentamente hacia atrás y elévelos con las palmas de las manos hacia arriba, hasta que los cantos de las manos se encuentren exactamente frente al segundo chakra.

3) Permanezca unos segundos en esa posición, percibiendo cómo las manos transmiten energía al chakra.

4) Continúe ascendiendo hasta que las manos queden abiertas en cruz.

5) Descienda hacia la posición inicial.

6) Inspire mientras realiza el movimiento ascendente y espire al ejecutar el movimiento descendente.

7) Al mover los brazos hacia abajo, doble simultáneamente las rodillas.

8) Durante el ejercicio, emita el sonido Vam correspondiente al segundo chakra y visualice mentalmente el color naranja.

9) Realice tres secuencias.

10) Dé por finalizado el ejercicio.

Técnica respiratoria para la activación

A los fines de estimular el chakra sacro con ejercicios respiratorios, nada mejor que la denominada "respiración completa". Además, esta práctica acarrea otros múltiples beneficios tales como activar la circulación sanguínea, serenar la mente y aumentar el prana y, como consecuencia de esto último, hacer otro tanto con la energía intelectual y sexual.

Para realizarla, seguir las instrucciones que se detallan a continuación:
1) Colóquese en postura flor de loto.

2) Inhale y, luego, retenga y exhale en el doble de tiempo que la inhalación.

3) Mantenga ese ritmo respiratorio entre 5 y 10 minutos.

Cristales y piedras preciosas para la estimulación

- **Citrina:** cura emociones dolorosas y ayuda a alcanzar y a aceptar la madurez sexual. En realidad, es una gema que resulta de suma ayuda en todo tipo de problema sexual: frigidez, impotencia, anorgasmia, falta de deseo, indefinición sexual, etcétera.

- **Jaspe:** piedra de poder y de capacitación, el jaspe otorga poder para aceptar la propia sexualidad.

- **Topacio:** favorece la fertilidad, atrae el sincronismo positivo y ayuda a aumentar la paz interior.

Meditación visual programada para la armonización

1) Acuéstese boca arriba en un sitio silencioso y donde esté a salvo de interrupciones.

2) Cierre los ojos y focalice la atención en la respiración, cuyo aire debe ir a la zona baja del estómago.

3) Sienta cómo el aire entra al organismo, permanece un tiempo en su interior y luego lo abandona.

4) Visualícese a sí mismo flotando tranquilamente en algún curso de agua. Puede ser un lago, un mar o un río. Lo importante es que sienta que se trata de algo totalmente seguro, que no existe peligro alguno de ahogarse y que constituye algo por demás placentero: el agua está cálida y tiene un movimiento mínimo que ayuda a la flotación y hace las veces de un suave masaje que ayuda a alejar las posibles tensiones, tanto físicas como psíquicas, que pudieran existir.

5) Esas leves olas tocan todo su cuerpo, relajándolo, pero se sienten especialmente en la zona de la pelvis, correspondiente al segundo chakra. Es allí donde se perciben de manera más pronunciada y placentera y es desde ese lugar desde donde se expanden hacia el resto del cuerpo.

6) En esa expansión, en ese recorrido por todo el organismo van equilibrando y armonizando todo aquello con lo que toman contacto: piel, órganos, huesos, fluidos corporales, etcétera.

7) Repose e instálese en esa sensación: todo su cuerpo está relajado y libre de tensiones, gracias a esas olas bienechoras que estimulan el segundo chakra y a ese centro que transmite las sensaciones de placer y bienestar al resto del cuerpo.

8) El chakra sacro está completamente armonizado y libre de bloqueos y el resto de su cuerpo acusa recibo de ello.

9) Dé gracias al agua por hacer posible esta meditación y por haber tomado parte de su energía para recargar el segundo chakra.

10) Estire el cuerpo.

11) Dé por finalizada la meditación.

Afirmación

"De manera consciente asisto al despertar de mi consciencia y lo estimulo. Para hacerlo, me enfrento a mis deseos: no los combato y me dejo fluir en ellos con consciencia plena. Vivo en mi cuerpo que es morada de mi alma. Agradezco la vida".

Aceites aromáticos

- Jacinto, para la armonización general.
- Para su relajación, geranio y cereza.
- Si se desea estimularlo, pino.

Cómo lograr la plenitud ambiental en pos del segundo chakra

Los elementos decorativos que se detallan a continuación harán que un ambiente sea propicio para estimular el chakra del bazo:

- Iluminación predominantemente naranja

- Cualquier otro elemento decorativo del mismo color: cortinas, paredes, flores de ese color, una cesta o fuente con naranjas, etcétera.

- Un cuadro o fotografía con la imagen de una playa, un río, una cascada o un claro de luna.

Un talismán planetario

- El mejor momento para confeccionarlo es el lunes, día consagrado a la luna, regente del segundo núcleo energético.

- Se requieren los siguientes materiales: una pequeña placa redonda de plata y un buril pintado de naranja.

- Se procederá, entonces, a grabar con el buril en una de las caras del disco, el símbolo de la luna.

- Una vez grabado, se deberá consagrar el talismán. Para ello, se colocará sobre unos carboncitos encendidos, las siguientes hierbas y sustancias: mirra, incienso, hojas secas de ruda y cincoenrama en polvo y se sahumará el talismán durante unos minutos, sosteniéndolo por encima del humo a unos pocos centímetros de distancia.

- Este talismán debe colocarse sobre la zona correspondiente al segundo chakra unos cinco minutos por día, siempre durante la noche.

Gastronomía energética

Platos para estimular el segundo chakra

El chakra sacro se estimula cuando se ingieren líquidos. Por supuesto, si éstos son además nutritivos, todo el organismo se beneficiará. A continuación, algunas recetas.

Sopa de calabaza

Ingredientes:
1 calabaza pelada y cortada en dados
2 cebollas cortadas en juliana
1 diente de ajo picado
2 cucharadas de aceite
1 cucharadita de coriandro
Sal y pimienta a gusto

Preparación:
1) Colocar la calabaza, las cebollas, el ajo, el coriandro y el aceite en una olla grande.
2) Agregar dos litros de agua hirviendo, salpimentar y cocinar a fuego lento durante cuarenta y cinco minutos.
3) Procesar o licuar hasta que se forme un puré.
4) Volver a colocar en la olla y dejar que hierva otra vez. Servir bien caliente.

Sopa fría de pepino y yogur

Ingredientes:
1 litro de yogur
1 pepino pelado y cortado en cubos
1 cucharadita de polvo de curry
Sal

Preparación:
1) Colocar todos los ingredientes en una licuadora y licuar hasta obtener un líquido homogéneo.
2) Servir con cubos de hielo.

Licuado super energético

Ingredientes:

1 taza de yogur natural.
1 taza de leche.
Media taza de frutas frescas surtidas peladas y cortadas en dados.
2 cucharadas de miel.
1 cucharada de germen de trigo.

Preparación:

1) Colocar todos los ingredientes en una licuadora y licuar hasta obtener un líquido homogéneo.
2) Servir con cubos de hielo.

Licuado naranja

Ingredientes:

Jugo de 6 naranjas
1 zanahoria
1 cucharada de miel

Preparación:

1) Colocar todos los ingredientes en una licuadora y licuar hasta obtener un líquido homogéneo.
2) Servir con cubos de hielo.

Preguntas orientadoras para conocer el funcionamiento del segundo chakra

1) ¿Me siento cómodo con mi vida sexual actual?
2) ¿Me siento cómodo con mi cuerpo?
3) ¿Me ocupo de honrar los aspectos sexuales de mi vida?
4) ¿Qué opinión me merecen las personas de mi sexo y las del sexo opuesto?
5) ¿Qué cosas me dan placer, más allá del goce sexual?
6) ¿Cómo me vinculo con el sufrimiento?
7) ¿Qué significa el agua para mí y de qué manera me vinculo con ella?

Ejercicios a partir de las respuestas a las preguntas orientadoras

- Realice una lista de todas las cosas que le dan placer en una relación sexual o que intuye que se lo proporcionarían. Téngalas en mente para realizarlas.
- Desnúdese frente a un gran espejo y observe detenidamente su cuerpo. Luego, confeccione un doble listado: uno con aquellas cosas que vio y le agradaron y otro con las que le causaron desagrado. Escriba una posible manera de enmendar aquellos aspectos de su cuerpo que no le gustan y honre diariamente a aquellos que sí le agradan.
- Realice una lista (exceptuando toda vinculación con actividades sexuales) de cosas y actividades que le den placer: comidas que le gustan, deportes, lugares que disfruta visitar, música de su agrado, etcétera. Prométase seriamente realizar, como mínimo, una cosa de la lista por día.
- Conéctese de manera placentera con el agua: vaya a un natatorio, tome un baño de inmersión con sales, pase un fin de semana en alguna ciudad marítima, etcétera.

El tercer chakra: la ciudad de las joyas

El tercer chakra se denomina Manipura (de *mani* que significa "joya" y *pura*, "ciudad"). Eventualmente, también se lo traduce como "ciudad de la alegría".

Nombres con que se lo conoce

- Manipura.
- Solar.
- Alimenticio.
- Umbilical.

Ubicación en el canal central

Tercero comenzando desde abajo y quinto comenzando desde arriba.

Color básico predominante

Amarillo, color asociado a los procesos mentales, el intelecto, la objetividad y el pensamiento crítico. También se lo vincula al sol, planeta regente de este núcleo energético.

Ubicación en el cuerpo

Distancia media entre el ombligo y la boca del estómago.

Área de irradiación

El aparato digestivo.

Conexión glandular

Manipura se vincula con las glándulas suprarrenales.

Existen dos glándulas suprarrenales –la médula y la corteza– que se encuentran situadas en el abdomen, por encima de los riñones y, aunque se encuentran relacionadas desde el punto de vista anatómico, lo cierto es que sirven a distintos propósitos.

La médula es activada por impulsos nerviosos, y proporciona la respuesta de alarma, cuando es preciso reaccionar con rapidez, inundando el sistema con cantidades extras de adrenalina. Cuando se padece un estrés continuado, se agotan las reservas de adrenalina más deprisa de lo que pueden ser reemplazadas y, en esos casos, se puede padecer un desfallecimiento físico.

La corteza es, en cambio, una glándula endocrina, activada por hormonas transportadas por la sangre y enviadas por la pituitaria. Su producción hormonal es primordial para la vida. El cortisol, por ejemplo, es un generador de energía, que también se encarga de almacenarla y de regular el elemento fuego del cuerpo. La aldosterona, a su vez, previene la excesiva pérdida de agua a través de los riñones y mantiene el equilibrio esencial de sodio y potasio en el cuerpo.

Mandala que lo representa

Flor de loto de diez pétalos de color amarillo-dorado. En el centro aparece un triángulo rojo que simboliza el elemento fuego y en su interior posee una svástica, símbolo de mutación, de felicidad y del movimiento y del fluir energético que todo lo transforma. Le corresponde el bija mantra Ram en color amarillo.

Dioses que habitan este chakra

La deidad masculina correspondiente es Rudra, representación primitiva de Shiva, que asume la manifestación del poder exterminador al aparecer cubierto de cenizas y realizar con una de sus manos un gesto destructor. Sin embargo, se trata de una divinidad dual ya que, por otra parte, con su otra mano muestra un gesto que simboliza la concesión de favores.

La diosa de este chakra es Dakini, la benefactora. Aparece retratada de un color azul turquesa, con tres cabezas y tres ojos. En una de sus manos blande una espada y en la otra un rayo.

Animal hindú que lo simboliza

El carnero, que alude a la impulsividad y a la fuerza de la pasión. Sin embargo, también se trata de un animal que puede ser domesticado y eso se debe a que ya, en el tercer chakra, la energía violenta del primer núcleo energético y la poco sutil del segundo, ya se encuentra, en cierta medida, domesticada y comienza a ser más etérea. Asimismo, el carnero es un animal que los hindúes suelen ofrecer en sacrificios y su vinculación con el chakra Manipura reside en que es justamente en este núcleo energético donde debe efectuarse un trabajo interior, donde se debe ofrecer algo (a modo de ofrenda o sacrificio) para obtener otra cosa mejor.

Elemento regente

La correspondencia elemental del chakra Manipura es el fuego, materia purificadora por excelencia. El fuego, junto con el sol, resulta revelador al tiempo que destructivo, transformador y purificador. Significa poder espiritual y sacrificio y tiene un rol fundamental en muchos rituales y ceremonias de todo el mundo. El fuego es, además, poseedor de un misterio ancestral: la transformación de la materia visible en energía invisible.

En este caso, se trata principalmente del fuego gástrico, potencia que se busca incrementar con muchas prácticas de yoga y que permite que el ser humano transforme los alimentos en energía corporal.

Planeta regente

El sol, astro rey, es el cuerpo celeste que comanda el chakra Manipura. Se trata de una estrella que, debido a la importancia fundamental que tiene para la conservación de la vida en nuestro planeta, ha sido a lo largo de los siglos y en muy diversas culturas, asociada a la divinidad. Se lo adoró como una deidad que era, a la vez, fuente de vida y esclarecimiento, luz suprema y de signo evidentemente masculino. Mirado desde la perspectiva china, el sol puede asociarse a todo aquello considerado Yang: el día, la vigilia, la consciencia, la razón, el calor y la sequedad.

Conceptos claves e ideas fuerza del tercer chakra

- Manipura, en tanto vórtice solar y asociado al elemento fuego, constituye el sendero supremo de la llama mística y transformadora que purifica la energía del organismo. Por eso, es el centro primordial del cuerpo en todo aquello vinculado a la voluntad y al poder.

- Es el encargado de almacenar la energía proveniente del Sol y de producir el proceso alquímico que une la energía telúrica que fluye hacia arriba con la energía solar que fluye hacia abajo. Por esa razón, es el área de carga energética más importante de la persona.

- Es el chakra de la luz en sentido metafórico: de la luz de la perseverancia, de la tenacidad y del poderío del ser humano.

- La abundancia en todos sus aspectos (material, afectivo, energético) también se manifiesta en este centro energético.

- La sexualidad primitiva del primer chakra devenida erotismo y sensualidad en el segundo, se torna aquí en emoción madura, serenidad y capacidad de relacionarse con los demás sin intentar dominarlos.

- Manipura es el núcleo energético donde se realiza la gran transformación, donde los tres primeros chakras hallarán una suerte de culminación de su proceso.

Signos de buen funcionamiento

A nivel físico, un tercer chakra funcionando a pleno se evidencia principalmente en la ausencia absoluta de problemas digestivos. En el ámbito de lo psicológico su buen funcionamiento se expresa en una persona capaz de demostrar sus dones y talentos, tanto naturales como adquiridos, sin esfuerzo, de manera natural y espontánea. La serenidad y la capacidad de entablar relaciones psicológicamente sanas con los demás también constituyen signos de un chakra solar libre de bloqueos y carente de desarmonías.

Signos de funcionamiento deficiente

Como lógica contrapartida a la ausencia de problemas digestivos que caracteriza a su buen funcionamiento, uno de índole deficiente se evidencia en síntomas tales como: gastritis, pancreatitis, digestión lenta, regurgitación, úlceras estomacales, hepatitis, cálculos biliares, y problemas hepáticos diversos. Su vinculación con las glándulas suprarrenales –productoras de adrenalina– hace que este chakra tenga una intervención considerable en estados de cólera, miedo y violencia. La desarmonía se evidencia, a nivel psicológico, en marcados sentimientos de inseguridad, en falta de confianza en sí mismo y en los otros y en la tendencia a establecer relaciones poco sanas desde el punto de vista emocional y psicológico.

●●●

Buena parte de las desarmonizaciones y las fugas de energía de este chakra se producen cuando en la vida adulta no somos capaces de comprometernos con nosotros mismos. La manipulación ejercida sobre los otros para obtener su aprobación o su atención, así como también las actitudes derivadas de una baja valoración personal, conducen a los bloqueos en el tercer chakra.

Kit de trabajo para operar sobre el tercer chakra

Asanas

La postura del puente

1) Acuéstese boca arriba, flexionando las rodillas y apoyándolas tan cerca como pueda de los glúteos.

2) Asegúrese de separar las piernas según el ancho de la cadera.

3) Tómese los tobillos con las manos.

4) Exhale empujando el hueso sacro hacia abajo e inhale levantando la cadera tan alto como pueda, con la fuerza de los pies.

5) Apoye el mentón contra el esternón, con la nuca bien en contacto con el suelo.

6) Mantenga esa postura durante tres respiraciones profundas concentrándose en la zona abdominal.

7) En la última respiración exhale bajando el cuerpo.

8) Para finalizar, estire y relaje los músculos.

La postura del arco

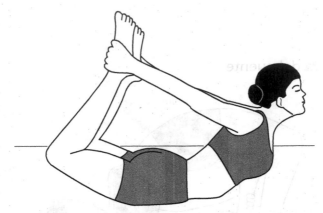

1) Acuéstese boca abajo, con las rodillas flexionadas de manera tal que los talones queden cerca de los glúteos.

2) Apoye la frente en el piso y coloque los brazos a los costados del cuerpo, bien sueltos.

3) Inhale y comience a elevar la cabeza, luego los hombros y después el pecho.

4) Con la ayuda de las manos, eleve los pies tanto como sea posible.

5) Mantenga esa postura durante unos instantes mientras respira de manera calmada.

6) Para finalizar el ejercicio, exhale mientras baja el pecho, los hombros y la cabeza y, luego, descienda las piernas hasta su posición original sobre los glúteos.

7) Respire profundamente, relájese y ponga las piernas en posición normal.

8) Respire una vez y continúe relajando los músculos antes de levantarse.

Ejercicio de Reiki tibetano

1) Párese en una posición cómoda.

2) Comience a trotar en el lugar, al tiempo que mueve las manos hacia delante y hacia atrás, de palmas al cuerpo y a unos 10 cm de distancia de éste, frente al tercer chakra.

3) Perciba de qué manera la energía de las manos se traslada al chakra correspondiente.

4) Mientras realiza el movimiento, emita el sonido Ram correspondiente al tercer chakra y visualice mentalmente el color amarillo.

5) Realice el movimiento durante 3 minutos.

6) Finalice.

Técnica respiratoria para la activación

El chakra Manipura se energizará si se ejecuta la denominada "respiración polarizada". Para ello:

1) Inhale lentamente por la fosa nasal derecha tapando la izquierda y, luego, también lentamente, exhale por la izquierda tapando la derecha.

2) Repita en sentido contrario.

3) Mantenga esa respiración aproximadamente 10 minutos luego de levantarse a la mañana y antes de acostarse por la noche.

●●●———————————————————————————————

Desde el punto de vista emocional, para mantener la energía de este chakra en un buen nivel es necesario establecer límites claros en las relaciones más cercanas. De lo contrario, comenzaremos a perder respeto por nosotros mismos y a perder energía del tercer chakra.

Cristales y piedras preciosas para la estimulación

• **Apatita:** incrementa la concentración y la reflexión intelectual y potencia los centros de poder. Favorece la abundancia en todos sus aspectos.

• **Calcita:** se trata de un mineral que se encuentra en una gran variedad de colores. Las de color naranja, las de color miel y las amarillas favorecen el desarrollo psíquico y resultan de mucha utilidad en los estudios. Asimismo, ayudan a poner en contacto la voluntad inferior con la voluntad superior.

- **Cuarzo rosáceo:** ayuda a conservar este chakra flexible, ya que el plexo solar absorbe las tensiones nerviosas y, cuando ello sucede, el tercer chakra se desarmoniza, se bloquea y, como consecuencia de ello, se torna rígido.

- **Kunzita:** facilita notablemente el sentido de la autodisciplina, el respeto por uno mismo, la armonía interna, el cultivo de la fortaleza y la compasión bien entendida.

- **Pirita de hierro:** otorga fuerza de voluntad, sirve de ayuda en todos los planos de asimilación y estimula el descubrimiento y puesta en marcha de todas nuestras potencialidades.

- **Topacio:** estimula la alegría, la actitud positiva ante la vida y el buen humor. También ayuda a fortalecer la visión de futuro y la voluntad.

- **Malaquita:** favorece notablemente el incremento de las facultades psíquicas y espirituales.

Meditación visual programada para la armonización

1) Acuéstese boca arriba en un sitio silencioso y donde esté a salvo de interrupciones.

2) Cierre los ojos y focalice la atención en la respiración, cuyo aire debe ir a la zona baja del estómago.

3) Sienta cómo el aire entra al organismo, permanece un tiempo en su interior y luego lo abandona.

4) Visualice mentalmente el sol: el astro rey se encuentra encima de usted, derramando su luz y su calor. Se trata de una sensación tibia, por demás placentera, que no quema.

5) Perciba de qué manera la luz y la energía solar se derraman por todo su cuerpo pero, especialmente, cómo lo hacen de manera por demás potente en la zona entre la boca del estómago y el ombligo, área correspondiente al chakra Manipura.

6) Desde allí, con cada inspiración, la energía solar, en forma de una luz amarilla-dorada, se va expandiendo más: hacia arriba, llega al pecho, al cuello y al rostro. Hacia abajo, alcanza a la pelvis, los muslos, las pantorrillas y los pies. Hacia los costados, arriba a los brazos y las manos.

7) Cada lugar tocado por esa luz queda en total armonía. Se trata de una luminosidad purificadora que libera de bloqueos y tensiones.

8) Visualice su propio cuerpo en su totalidad, resplandeciente de luz, salud y armonía y deje que ese estado de equilibrio se deposite en lo más íntimo de su ser.

9) Retorne mentalmente a la imagen de la luz sobre el chakra Manipura y perciba cómo su energía fortalece su voluntad y depura los sentimientos. La voluntad se hace más fuerte y los sentimientos negativos desalojan su cuerpo, su mente y su espíritu.

10) Permanezca de esa manera todo el tiempo que desee.

11) Dé gracias al sol por haber participado de la meditación y por haber tomado parte de su energía para recargar el tercer chakra.

12) Estire el cuerpo.

13) Abra los ojos y dé por finalizada la meditación.

Afirmación

"La luz que me circunda y que emito es cada vez mayor y ello me brinda protección. La llama transformadora del fuego purifica mi cuerpo y mi espíritu, enciende mi voluntad y me otorga poder. Soy vital y expresivo en mi energía".

Aceites aromáticos

- Sándalo, para la armonización general.
- Para su relajación, incienso y ruda.
- Si se desea estimularlo, lavanda.

Cómo lograr la plenitud ambiental en pos del tercer chakra

Los elementos decorativos que se detallan a continuación harán que un ambiente sea propicio para estimular el chakra Manipura.
- Iluminación predominantemente amarilla.
- Cualquier otro elemento decorativo del mismo color: cortinas, paredes, flores de ese color en un jarrón, alfombras, etcétera.
- Un cuadro o fotografía con la imagen de un paisaje iluminado por la luz del sol, campos de granos maduros, un terreno sembrado de girasoles, etcétera.

Un talismán planetario

- El mejor momento para confeccionarlo es el domingo, día consagrado al sol, regente del tercer núcleo energético.

- Se requieren los siguientes materiales: una pequeña placa redonda de oro y un buril pintado de amarillo.

- Se procederá, entonces, a grabar con el buril en una de las caras del disco, el símbolo del sol.

- Una vez grabado, se deberá consagrar el talismán. Para ello, se colocará sobre unos carboncitos encendidos, las siguientes hierbas y sustancias: hojas secas de olivo, pétalos secos de jazmín y de nardo, benjuí y mirra y se sahumará el talismán durante unos minutos, sosteniéndolo por encima del humo a unos pocos centímetros de distancia.

- Este talismán debe colocarse antes de las comidas principales, durante unos minutos sobre el chakra Manipura. De esa manera, se optimizará el sistema digestivo y el cuerpo podrá aprovechar mucho mejor los nutrientes contenidos en los alimentos ingeridos.

Gastronomía energética

Platos para estimular el tercer chakra

Los cereales constituyen el principal "combustible" del chakra solar. A continuación, algunas recetas para optimizar su funcionamiento.

Arroz con mango

Ingredientes:
2 tazas de arroz lavado.
2 tazas de caldo de verdura.
1 rama de canela.
Media taza de leche de coco.
1 taza de mango pelado y cortado en cubos.
Media cucharadita de comino.
Media cucharadita de semillas de cardamomo.
Sal.

Preparación:

1) Poner a hervir el arroz en el caldo con la rama de canela.
2) Cocinar a fuego lento.
3) Cuando esté listo, apagar el fuego y agregar la leche de coco, el mango, el comino, la sal y el cardamomo. Mezclar bien todo y dejar reposar cinco minutos.
4) Retirar la rama de canela y servir.

Sopa de vegetales con cebada

Ingredientes:
2 zanahorias picadas.
1 puerro, sin la parte verde, picado.
1 rama de apio picada.
1 cebolla picada.
1 taza de cebada lavada.
Jugo de 1 limón.
Cáscara rallada de 1 limón.
1 litro de caldo de verdura.
Media taza de crema de leche.
2 cucharadas de queso rallado.
Sal y pimienta.

Preparación:

1) Colocar la cebada en una cacerola con el jugo y la cáscara rallada del limón. Cocinar aproximadamente unos diez minutos hasta que la cebada esté tostada.
2) Agregar la zanahoria, el puerro, el apio, la cebolla y el caldo, y condimentar con sal y pimienta. Cocinar veinte minutos más.
3) Añadir la crema y continuar la cocción unos dos minutos más. Espolvorear con el queso rallado y servir.

Curry con manzanas y pasas de uva

Ingredientes:
1 cucharada de aceite
1 cucharada de polvos de curry
1 cebolla picada
1 manzana pelada, sin centro y picada
Media de taza de pasas de uva rubias
Media taza de caldo de ave
Media taza de yogur natural
3 tazas de arroz hervido y caliente
Sal

Preparación:
1) Colocar el aceite en una olla y poner a fuego medio. Agregar el curry y revolver. Añadir la cebolla y freír durante tres minutos, hasta que transparente y comience a dorarse. Agregar la manzana, las pasas de uva, el caldo, la sal y cocinar a fuego bajo destapado 20 minutos.
2) Servir sobre el arroz y aderezar con el yoghurt.

Fideos con brócoli

Ingredientes:
1 paquete de 500 g de fideos
1 atado de brócoli, cocido y picado
1 diente de ajo picado
Media taza de aceite de oliva
6 cucharadas de queso rallado
Sal

Preparación:
1) Cocer los fideos y reservar. Poner en una sartén grande 1 cucharada de aceite y saltear el ajo.
2) Agregar los fideos, el brócoli y el resto del aceite. Revolver bien.
3) Antes de servir, salar y agregar el queso rallado.

Preguntas orientadoras para conocer el funcionamiento del tercer chakra

1) ¿Cuán alto es mi nivel energético habitual?
2) ¿Cómo se desarrollan mis procesos digestivos? ¿Tengo problemas habitualmente? Si los tengo ¿de qué tipo?
3) ¿Qué nivel de abundancia tiene mi vida?
4) ¿Cómo me relaciono con la luz? ¿La prefiero a la oscuridad? ¿Me siento más a gusto con luz natural o artificial?
5) ¿Soy sincero y honesto con los demás?
6) ¿Soy capaz de aceptar a los otros tal cual son, sin pretender cambiarlos?
7) ¿Me respeto a mí mismo? ¿Hasta qué punto respeto mis elecciones y preferencias?
8) ¿Puedo aceptar el hecho de que he cometido un error?
9) ¿Qué tan fuerte es mi voluntad?
10) ¿Qué tan buena es mi autoestima?
11) ¿Qué tan fuerte me siento en mi interior?

Ejercicios a partir de las respuestas a las preguntas orientadoras

1) Si siente que en su vida no hay abundancia, lea uno los muchos y buenos libros sobre prosperidad que hay en el mercado. En él, encontrará seguramente formas de incrementar la abundancia y también conceptos espirituales que lo guiarán hacia una idea menos materialista de la abundancia. Si no sabe qué libro adquirir, pregúntele al librero o a alguien de su confianza que conozca del tema.

2) Realice un listado de, por lo menos, cinco cosas que pretendió cambiar en sus seres más próximos (padre, madre, hijo, marido, esposo, amiga, etcétera). Medite sobre ello. Indague en su interior y trate de averiguar

por qué deseó que cambiara justamente en ese aspecto o punto.

3) Confeccione una lista de, por lo menos, tres circunstancias de los últimos tiempos donde usted no respetó sus elecciones o preferencias. Indague por qué no lo hizo y medite acerca de ello.

4) Haga memoria y recuerde la última vez que usted considera que se equivocó. Piense qué debería haber hecho para no cometer ese error y, luego, perdónese interiormente por haberse equivocado.

5) Haga una lista de todas las cosas que le gustan de usted en todos los aspectos: físico, intelectual, moral, etcétera. Lea esa lista una vez por día y disfrute de ella.

El cuarto chakra: el invicto

El cuarto núcleo energético es Anahatha, término que significa "invicto" o "no golpeado".

Nombres con que se lo conoce

- Anahatha.
- Cardíaco.
- Cordial.
- Anímico.
- Del corazón.

Ubicación en el canal central

Cuarto, tanto viniendo desde arriba como haciéndolo desde abajo.

Color básico predominante

Verde, tono del equilibrio y máxima expresión de la naturaleza y la vegetación. Desde el punto de vista terapéutico se lo utiliza primordialmente para tratar desequilibrios energéticos que necesitan de un proceso de purificación o depuración.

Ubicación en el cuerpo

Centro del pecho.

Área de irradiación

El corazón, el pecho, los pulmones, el sistema inmunológico, los brazos y las manos. La oxigenación de la sangre y la circulación del aire son funciones de este núcleo energético.

Conexión glandular

El timo, glándula correspondiente al chakra corazón, es un pequeño órgano situado en la base de la garganta. Es el órgano de secreción más importante de nuestro sistema inmunológico, porque en ella maduran los linfocitos T, que nacen en la médula ósea. Si el timo se atrofiara, careceríamos de la inmunidad adquirida más sofisticada de nuestro cuerpo por el resto de los años que vivamos y, además, lo haríamos padeciendo de un envejecimiento prematuro y absolutamente descontrolado.

Antiguamente los científicos creían que la glándula Timo dejaba de funcionar a los veinte años. Sin embargo, las investigaciones han demostrado que en realidad continúa funcionando por mucho más tiempo, quizás, hasta los cincuenta años. Pero lo cierto es que llega a su máximo funcionamiento a los seis meses de edad y, luego, comienza a reducirse, cambia de color y se recubre de grasa.

Mandala que lo representa

Flor de loto de doce pétalos que van en todas las direcciones y en cuyo centro aparece el bija mantra Yam. Su signo consiste en una estrella de seis puntas que aparece como resultado de enlazar dos triángulos. El que tiene la punta hacia arriba alude al principio masculino y a la acción de inhalar. El triángulo que mira hacia abajo, de manera complementaria, hace referencia al principio femenino y a la exhalación. En la parte superior, aparece la figura de una luna sobre un lingam (órgano sexual masculino) con el bindu por encima. En la base, aparece el Purusha, representación del yo divino que está presente en todo ser humano.

Dioses que habitan este chakra

El cuarto chakra es morada de Shiva como Isha o "el Señor", divinidad que, entre otros atributos, tiene la capacidad de crear y de destruir. Suele representárselo como un asceta vestido con la piel de un animal salvaje y llevando una serpiente en su cuello; este último atributo simboliza las pasiones domadas.

La divinidad femenina correspondiente es Kakini o Kali, diosa dorada que sostiene un escudo, una espada, un tridente y un cráneo.

Animal hindú que lo simboliza

El animal simbólico de este chakra es el antílope, liviano como el viento (piénsese que, tal como se verá en el siguiente punto, su correspondencia elemental es el aire) y que puede ser considerado como vehículo del prana que comanda este centro.

Elemento regente

El aire, sustancia por demás inmaterial y, como se podrá apreciar, mucho más sutil que los elementos de los chakras precedentes, es el rector del cuarto núcleo energético. Se le atribuye un sentido masculino, activo y creador y está asociado con el hálito vital.

Tal como se podrá comprobar, en el área de irradiación del cuarto chakra se encuentran los pulmones, órganos íntimamente vinculados a su elemento correspondiente.

Planeta regente

Venus, conocido por ser el planeta vinculado al amor. También se trata de un astro vinculado a las ideas de belleza, armonía, sensualidad y atracción.

●●●
El chakra corazón es el centro de los sentimientos y de las emociones de alta vibración. Tiene una ubicación "estratégica", a mitad de camino entre los núcleos energéticos más relacionados con la vida material (los tres chakras precedentes) y aquellos otros vinculados con un mayor encuentro con lo mental y lo espiritual (los tres chakras siguientes).

Conceptos claves e ideas fuerza del cuarto chakra

- Anahatha es la mitad del camino: tres chakras se han debido traspasar para llegar a él y quedan igual número de núcleos energéticos para llegar a la iluminación total. Por eso, armonizar este vórtice energético implica atravesar un límite: el que separa el universo material (propio de los chakras precedentes) del mundo espiritual (propio de los tres próximos vórtices).

- En el chakra del corazón, las emociones primordialmente básicas (más allá de sus existentes diferencias) que distinguían a los chakras precedentes se convierten en verdaderos sentimientos, en el sentido cabal de la palabra. Existe una graduación que va desde las emociones primitivas y básicas del primer chakra y las un tanto más sutiles del segundo, a través de la consciencia y el poder de la voluntad del yo en el chakra solar, hasta la virtud del sentimiento atemperado con sabiduría, que proviene de un cuarto chakra en armonía. A través de él, el individuo posee la facultad de experimentar sentimientos sin dejarse arrastrar por emociones intempestivas.

- Allí mora la energía del centro del pecho y, a partir de este chakra, el individuo tiene nuevas posibilidades porque se ha redescubierto a sí mismo y, como consecuencia de ello, puede autopercibirse de otra manera, más novedosa y más plena.

- Su misión fundamental es conectarnos con la experiencia de la propia identidad, el amor incondicional y la paz interior. Este chakra posibilita superar pasiones y ataduras del orden de lo terrenal en pos de comenzar a conectarse con otra forma de sentir.

- Como consecuencia de la experiencia profunda de la propia identidad, aparecen sentimientos nobles hacia los otros, tales como la compasión, en tanto capacidad de identificarse de manera desapegada con una persona o causa. La comprensión no analítica que sirve de base al sentir compasivo, es fruto del desarrollo de este chakra.

- Asimismo, lo es la ternura, no sólo en su estado activo de "ser cariñoso" sino como una virtud inherente al ser, como capacidad de abrir nuestro corazón y a partir de esa acción, revelarnos al mundo.

- El amor incondicional con que nos conecta este chakra tiene un punto de arranque insoslayable: el amor a sí mismo. Quien no comience por amarse y estimarse a sí mismo, poco tendrá para ofrecer a los demás en términos de afecto y sentimientos.

- La imparcialidad es otro sentimiento o capacidad que se desarrolla en el cuarto chakra. Esto no se refiere a un distanciamiento frío y falto de afecto, sino a la capacidad y disciplina para ver una situación con la objetividad necesaria para obtener una valoración desapasionada de los problemas. En este sentido, la imparcialidad se convierte en la partera que hace nacer el amor.

●●●
> El chakra corazón constituye el centro y el punto de control entre los tres chakras precedentes y los tres superiores. Un ser humano que llega al punto de comunicarse con los demás desde este vórtice energético, lo hace desde el amor incondicional.

Signos de buen funcionamiento

Desde el punto de vista físico, y debido a su área de irradiación, un cuarto chakra en plenitud se evidencia en un buen funcionamiento cardíaco, circulatorio y respiratorio, así como también en un sistema inmunológico fuerte. Respecto a este último punto, es típico de esas personas que nunca se enferman y que, por ejemplo, atraviesan toda la temporada invernal sin sufrir una gripe o un resfrío.

En el plano psicológico, su buen funcionamiento se hace evidente en aquellos individuos en los cuales predominan la compasión, la empatía hacia los demás seres vivos (personas, animales, plantas) y el desinterés. Se trata de personas capaces de dar amor y servicio sin esperar retribución alguna, respetuosos de todas las manifestaciones de vida y con gran capacidad para disfrutar de la belleza.

Signos de funcionamiento deficiente

Los síntomas de desarmonía que se ponen de manifiesto a nivel somático son: hipertensión, afecciones cardíacas varias, alteraciones del sistema inmunológico, asma, disnea y dolores en los brazos y las manos.

Desde el punto de vista psicológico, el individuo se encuentra bloqueado emocionalmente en grado sumo, no puede disfrutar de la vida y atraviesa de manera casi constante situaciones de depresión, angustia y melancolía.

Kit de trabajo para operar sobre el cuarto chakra

Asanas

La postura de la torsión de pie

1) Párese con las piernas bien separadas y mantenga la columna recta y erguida.

2) Eleve ambos brazos hacia delante y, al exhalar, gire desde la cadera hacia la derecha acompañándose con los brazos extendidos.

3) Relaje los hombros y realice tres respiraciones.

4) Repita hacia el lado izquierdo mientras vuelve a exhalar.

5) Realice nuevamente la secuencia con los brazos detrás de la cabeza.

La postura de la cobra

1) Ubíquese boca abajo con las piernas estiradas y bien juntas.

2) Apoye las manos a la altura de los hombros, con los codos flexionados.

3) Inhale profundamente tres veces y lleve, mentalmente, el aire hacia las piernas.

4) Inspire una vez más y levante la nariz y el mentón del piso, tan alto como pueda, elevando también la cabeza, el cuello y el pecho.

5) Mire hacia arriba y exhale.

6) Realice seis respiraciones focalizando la energía mental en el chakra del corazón.

7) Para finalizar, exhale mientras retorna lentamente a la posición original.

Ejercicio de Reiki tibetano

1) Separe las piernas del ancho de la cadera, oriente levemente los pies hacia fuera y destrabe las rodillas.

2) Coloque las manos enfrentadas sobre la zona del cuarto chakra, de manera tal que la punta de los dedos se toquen en el medio.

3) Sienta cómo las manos envían energía al chakra sobre el que se encuentran.

4) Inspire y, al hacerlo, estire muy lentamente los brazos en los laterales hacia arriba en un movimiento de apertura.

5) En el trayecto, enderece el cuerpo y manténgase así durante unos segundos.

6) Luego, al soltar el aire, emita el sonido Yam , correspondiente al cuarto chakra, y visualice mentalmente el color verde.

7) Retorne lentamente con las manos hacia la zona del chakra del corazón, inclinando levemente el cuerpo hacia delante.

8) Detenga el movimiento. Repita la secuencia tres veces.

Técnica respiratoria para la activación

La llamada "respiración chandra" es la más adecuada a los fines de activar el chakra cardiaco. Además, agiliza el flujo de energía, afecta de manera positiva el sistema nervioso simpático y hace otro tanto con las funciones corporales.
Para llevarla a cabo:

1) Tápese la fosa nasal derecha e inhale y exhale sólo por la fosa izquierda.

2) Mantenga esa respiración durante unos 3 minutos.

Cristales y piedras preciosas para la estimulación

- **Ámbar:** en todos sus tonos produce resonancias de orden altamente positivas en el chakra del corazón. Es, además, una gema purificadora y que ayuda a desarrollar el amor y el equilibrio.

- **Azurita:** favorece la empatía y la compasión.

- **Calcita verde:** incrementa la comunicación entre la mente y el corazón, aporta fortaleza durante los períodos de cambio o de transición y contribuye a curar las heridas afectivas.

- **Crisoberilo:** también conocida como "piedra de la eterna juventud", atrae la amabilidad y la generosidad, así como también ayuda a perdonar y revitaliza y renueva todas las energías.

- **Esmeralda:** auxilia en la tarea de desarrollar la confianza, la lealtad y el amor espiritual en sus expresiones más altas. Asimismo, favorece el buen funcionamiento cardíaco y de la mente y el desarrollo de la sabiduría

- **Jade verde o blanco:** de suma utilidad en la regulación de los latidos del corazón así como también en el aumento de vitalidad, la longevidad y la fuerza vital. También favorece el cultivo de la serenidad, la sabiduría, la armonía y la perspectiva.

- **Turmalina:** se encuentra en una amplia gama de colores, pero las variedades rosas son las más benéficas para el chakra del corazón. Se trata de una gema que contribuye a desarrollar la tolerancia, la flexibilidad y la compasión. Asimismo, favorece transformación y ayuda en la evolución hacia estratos superiores. También es muy útil si el chakra del corazón se hubiera cerrado, bloqueado o de-sarmonizado debido a un trauma, pérdida o aflicción.

Meditación visual programada para la armonización

1) Acuéstese boca arriba en un sitio silencioso y donde esté a salvo de interrupciones.

2) Cierre los ojos y focalice la atención en la respiración, cuyo aire debe ir a la zona baja del estómago.

3) Sienta cómo el aire entra al organismo, permanece un tiempo en su interior y luego lo abandona.

4) Respire de manera lenta y profunda, tomando consciencia de la expansión de los pulmones, escuchando los latidos del co-

razón y siendo consciente de la expansión del pecho al tiempo que inspira.

5) Concéntrese en la idea de enviar el aire al corazón y de visualizar a éste como una flor de pétalos verdes que se abren un poco más con cada inspiración.

6) Con cada pétalo que se despliega se hace más fuerte su capacidad de sentir ternura y compasión y se afianza su sentimiento de identidad.

7) La flor ya se encuentra abierta en su totalidad y la plenitud de los sentimientos antes descriptos es absoluta.

8) Disfrute de la capacidad sanadora de esos sentimientos todo el tiempo que desee.

9) Estire el cuerpo.

10) Abra los ojos y dé por finalizada la meditación.

Afirmación

"Me acepto tal cual soy y perdono mis errores. Y es por eso que puedo conectarme con el amor profundo y eterno, liberándome de todo miedo y viviendo cada día con alegría. También puedo perdonar a los otros. Y no quedan heridas en mí, porque la energía del amor incondicional mora en mi corazón".

Aceites aromáticos

- Cedro, para armonización general.
- Si se desea, específicamente relajación, madreselva y canela.
- Para estimularlo, verbena.

Cómo lograr la plenitud ambiental en pos del cuarto chakra

Los elementos decorativos que se detallan a continuación harán que un ambiente sea propicio para estimular el chakra Anahatha.

- Una bombita de luz de color verde.

- Cualquier otro elemento decorativo del mismo color: algún adorno, un tapiz, etcétera.

- Colocar plantas en un ambiente es una excelente manera de tornarlo propicio para el desarrollo del chakra corazón, además de generar un entorno relajado.

- Un cuadro o fotografía con la imagen de una selva, un lugar con vegetación tupida, etcétera.

Un talismán planetario

- El mejor momento para confeccionarlo es el viernes, día consagrado al planeta Venus, regente del cuarto núcleo energético.

- Se requieren los siguientes materiales: una pequeña placa redonda de cobre y un buril pintado de verde.

- Se procederá, entonces, a grabar con el buril en una de las caras del disco, el símbolo del planeta Venus.

- Una vez grabado, se deberá consagrar el talismán. Para ello, se colocará sobre unos carboncitos encendidos incienso y ruda y se sahumará el talismán durante unos minutos, sosteniéndolo por encima del humo a unos pocos centímetros de distancia.

- Este talismán debe colocarse diariamente durante unos circo minutos sobre el centro del pecho de manera tal de recargar el chakra corazón con la energía de signo venusino.

Gastronomía energética

Platos para estimular el cuarto chakra

Este vórtice energético se asocia al consumo de frutas. Por ello, toda ingestión de ellas potenciará de manera notable este chakra.

Naranjas al cacao

Ingredientes:
   4 naranjas peladas, sin semillas y cortadas en gajos.
   2 cucharadas de miel.
   1 cucharada de azúcar negra.
   1 cucharada de cacao amargo.
   1 cucharadita de canela molida.

Preparación:
1) Disponer las naranjas en una fuente y rociarlas con la miel, el azúcar, el cacao y la canela.
2) Dejar reposar una hora para que los sabores se impregnen.

Frutas rojas y melón al oporto

Ingredientes:
   1 taza de oporto.
   Media taza de frutillas lavadas y sin cabo.
   Media taza de frambuesas lavadas.
   ½ melón moldeado en bolitas.

Jugo de 1 naranja.
Crema chantilly.

Preparación:

1) Mezclar el oporto con el jugo de naranja, agregar las frutas y dejar macerar –como mínimo– tres horas en la heladera.
2) Servir con su jugo en copas y acompañar con un copete de crema chantilly.

Postre de granadas

Ingredientes:
4 granadas grandes.
Media taza de azúcar integral o miel.
1 cucharada de agar-agar.
4 cucharadas de agua fría.

Preparación:

1) Rodar las granadas con la mano, como si fueran a amasarse, para ablandarlas.
2) Cortarlas por la mitad y aporrear con una mano de mortero para que caigan todas las pepitas y extraer el jugo con una batidora.
3) Colocar en una sartén pequeña, añadir la miel o el azúcar y calentar agitando, hasta que se disuelva, y añadir el agar-agar bien disuelto.
4) Verter en pequeños moldes y enfriar hasta que endurezca.

Uvas al anís

Ingredientes:
2 tazas de uvas peladas y sin semillas.
2 cucharadas de jugo de limón.
1 cucharada de ralladura de cáscara limón.
2 vainas de anís estrellado.

1 taza de jugo de uva.
1 cucharada de miel.
Crema chantilly.
1 cucharada de licor de anís.

Preparación:

1) Colocar el jugo de uva, la miel, el anís y el jugo y la ralladura de cáscara de limón en una olla y cocinar por diez minutos.
2) Agregar las uvas y cocinar cinco minutos más.
3) Retirar el anís y servir tibio, acompañado por la crema y rociado con el licor de anís.

Preguntas orientadoras para conocer el funcionamiento del cuarto chakra

1) ¿Cómo manejo los vínculos entre el mundo material y el mundo espiritual?
2) ¿Cómo me percibo a mí mismo? ¿Cuáles considero que son mis debilidades y mis fortalezas?
3) ¿Qué aspectos creo que son la base de mi identidad, aquellos sin los cuales sería otra persona?
4) ¿Cuán elevado es mi nivel de paz interior?
5) ¿Qué heridas emocionales aún necesito sanar?
6) ¿Hay alguien a quien no le he perdonado algo que me ha hecho? Si es así: ¿de quién se trata? ¿qué fue aquello que me hizo que no puedo perdonarlo?
7) ¿Utilizo a veces mis heridas emocionales para manejar a otras personas? Si es así: ¿a quiénes y de qué manera?
8) ¿Qué personas me han controlado (seguramente, sin que ellas lo supieran) desde sus heridas emocionales?
9) ¿Tengo algún (o algunos) miedos que me impiden, por momentos, vivir en plenitud?
10) ¿Soy capaz de dar amor incondicional, de entregar (tiempo, dinero, energía, afecto) sin recibir nada a cambio?
11) ¿Puedo identificarme con el sufrimiento ajeno y sentir compasión? Sí es así: ¿qué me produce este sentimiento?
12) ¿Soy capaz de tener actitudes solidarias? ¿En qué circunstancias y hasta qué punto?

Ejercicios a partir de las respuestas a las preguntas orientadoras

1) Confeccione un listado acerca de aquellos pensamientos, ideas, conceptos, creencias que conforman su identidad. Luego, medite acerca de cuáles de ellos tienen la capacidad de abrirle caminos y perspectivas y cuáles de cerrárselos.

2) Realice un dibujo que represente su paz interior. Luego, medite acerca de los colores usados y su simbología, las formas, etcétera. Si lo desea, pídale a alguna o algunas personas que expresen qué les transmite su dibujo (sin decirle, qué es lo que usted pretendió reflejar en él).

3) Cuando se enoje o se sienta herido por demás, medite profundamente acerca de ello: ¿Realmente se sintió herido por lo que, efectivamente, sucedió en ese momento preciso? ¿O eso que pasó hizo que se abriera una herida antigua? Si la respuesta a esto último es afirmativa, plantéese qué podría haber hecho para reaccionar ante la situación presente y no ante una herida del pasado.

4) ¿Tiene algún perdón pendiente? Medite acerca de ello. Luego, piense: ¿no es tiempo de perdonar? Si la respuesta es afirmativa, conceda mental e interiormente el perdón.

5) Realice un listado de los miedos que le impiden, de alguna manera y en algunos momentos, vivir de forma plena. Luego, encuentre para cada uno de ellos, un paso en pos de superarlo. Pruebe con el paso propuesto.

El quinto chakra: el puro

El quinto chakra es Vishudda, término que proviene de la raíz *vishuddi*, que significa "purificar".

Nombres con que se lo conoce

- Vishudda.
- Laríngeo.
- Garganta.

Ubicación en el canal central

Quinto, comenzando desde abajo y tercero comenzando desde arriba.

Color básico predominante

En este chakra predominan dos colores, el turquesa y el azul. El primero tiene, desde lo terapéutico, un notable poder para reforzar el organismo en general. El azul es predominantemente relajante y puede ayudar a bajar la tensión arterial.

Ubicación en el cuerpo

Zona de la garganta.

Área de irradiación

Las cuerdas vocales, los oídos, los hombros, la boca y el sistema linfático.

Conexión glandular

Las glándulas tiroides y la paratiroides están situadas en el cuello y constituyen la conexión glandular del chakra garganta. Forman parte del sistema endocrino y segregan sus hormonas vitales de acuerdo con las señales que reciben de la glándula pituitaria. La tiroxina afecta al metabolismo, al control de la temperatura corporal y hace otro tanto con diversos aspectos del crecimiento. Si hay un exceso, el cuerpo entrará en un estrés hiperactivo; si hay deficiencia, todo se ralentizará.

Las paratiroides están contenidas dentro de la propia tiroides y segregan una hormona que mantiene los niveles correctos de calcio en la sangre, factor fundamental para el buen desarrollo de la actividad muscular de todas clases, incluida la del corazón

Mandala que lo representa

Flor de loto de dieciséis pétalos de color púrpura. En la zona central se destaca un triángulo blanco con un círculo que simboliza el elemento éter y una luna creciente con sus puntas hacia arriba, que alude al mundo inconsciente, femenino y onírico. Le corresponde el bija mantra Ham.

Dioses que habitan este chakra

La divinidad masculina correspondiente a este centro energético es Sadashiva, dios andrógino que se halla fuera de la rueda del samsara (transmigración indefinida); ello hace referencia a que en este chakra la materia física ha llegado a un nivel de pureza por demás considerable. Se lo representa con el cuerpo mitad de oro y mitad de plata y llevado por un animal fantástico, mezcla de león y de toro.

La diosa que mora en este chakra es Shakty, deidad vinculada a la luna y que posee el don de conceder las facultades que dan nacimiento al hombre divino.

Animal hindú que lo simboliza

Nuevamente (al igual que en el primer chakra) el mítico elefante blanco se hace presente. Pero con una diferencia nada menor: en este chakra, lo que sostiene con sus poderosas patas no es el peso del Universo, sino la realidad no material, o sea, el mundo de los conceptos y de las ideas.

Elemento regente

Vishudda se vincula al éter, sustancia envolvente y por demás sutil, que constituye uno de los principios inferiores de la sustancia primordial y que se mantiene en las dimensiones espirituales y anímicas. Se trata de un fluido intangible y absolutamente impeceptible que ocupa todo el espacio libre y es la sustancia que une a los hombres como habitantes de un mismo planeta.

Planeta regente

Júpiter, el planeta más grande del Sistema Solar en el que nos hallamos inmersos y con cuyos astros nos vinculamos de manera más directa, simboliza grandeza de espíritu, disciplina creativa y unidad en el bien y para el bien. También se asocia al sentido del orden superior, la justicia y la ecuanimidad. Alude a dos energías de orden diferente, pero relacionadas: la expansión y la integración.

Conceptos claves e ideas fuerza del quinto chakra

- Vishudda es el umbral de la bienaventuranza y de la gran liberación. Todavía no se ha entrado en ellas, pero al superar la mitad del camino (chakra corazón) ya se está a las puertas de la iluminación total.

- Es, asimismo, el centro de la devoción porque es desde allí que podemos tomar contacto con la divinidad y la energía cósmica a través de la meditación, el canto, la oración o los pensamientos.

- Creatividad, es una de las palabras claves de este núcleo energético. El estado o la cualidad de ser creativo, el poder dar vida o forma a algo de la nada, el investir a algo de formas nuevas y la capacidad de combinar de manera novedosa lo ya existente, anidan en el quinto chakra. Algo importante a tener en cuenta es que esa creatividad no alude de manera exclusiva (ni mucho menos) a ser un artista o un inventor. Se puede ser muy creativo en cualquier ámbito: el trabajo, la relación de pareja, el vínculo con los hijos o en el simple hecho de decorar un ambiente.

- Comunicación es otro concepto clave de este vórtice de energía. Toda la vida es comunicación y depende de ella: no se trata solamente de, por ejemplo, hablar por teléfono o enviar una carta o un mensaje de correo electrónico, sino de algo mucho más sutil y complejo. En todos los momentos de nuestra existencia están teniendo lugar en el interior de nuestro organismo comunicaciones extremadamente complejas. Por otro lado, hacia el mundo exterior, enviamos mensajes con nuestra forma de pararnos, de vestirnos, de gesticular, etcétera. El silencio también es una forma de comunicación en tanto y en cuanto dice algo. Y todos los sentimientos purificados en los chakras precedentes se vuelcan al exterior mediante la acción del quinto núcleo energético: la acción de comunicar.

- El poder de expresarse, la expresión, como una suerte de síntesis entre la creatividad y la comunicación, también reside en este chakra.

Aumenta la energía de este vórtice cuando logramos despegarnos de lo que hacemos de manera rutinaria y por inercia y, en lugar de ello, abrimos otras puertas y accionamos según formas novedosas. También se incrementa cuando nos animamos a expresarnos tal cual somos y dejamos caer las máscaras.

Signos de buen funcionamiento

Como consecuencia del área de irradiación sobre la que opera, un quinto chakra funcionando de manera plena y libre de desarmonías se evidencia, entre otros signos, por un sentido del oído sin problemas, una voz buena y potente y una salud bucal notable.

Desde el punto de vista psicológico, cuando este centro energético está abierto y funcionando a tope, el individuo vive de manera plena y se encuentra capacitado para crear y para comunicarse.

Signos de funcionamiento deficiente

En los casos en que este chakra se encuentra bloqueado aparecen, entre otros síntomas, problemas de audición –que pueden llegar a la sordera, en casos extremos– irritación y dolor de garganta, propensión a sufrir anginas, disfonía crónica, episodios de afonía, tortícolis y trastornos glandulares varios, tales como el hipo e hipertiroidismo.

En el ámbito psicológico, se evidencia imposibilidad de expresar sentimientos y deseos, así como también la incapacidad parcial o absoluta de poner en juego la creatividad. Frente a esas carencias, aparecen como lógica consecuencia la frustración y la angustia.

Kit de trabajo para operar
sobre el quinto chakra

Asanas

La postura del arado

1) Acuéstese boca arriba con las piernas y los pies juntos, los brazos a los costados del cuerpo y las palmas de las manos apoyadas en el piso.

2) Inhale profundamente, levantando las piernas hasta que queden perpendiculares al piso.

3) Sosténgase la cadera con las manos y exhale mientras lleva las piernas hacia atrás, hasta que hayan dado vuelta completamente.

4) Mantenga las piernas estiradas y la atención mental en la zona de la garganta.

5) Respire profundamente manteniendo la posición tanto tiempo como sea posible.

6) Para finalizar, lleve lentamente las piernas a la posición original y permanezca acostado en el piso por unos instantes.

La postura de la media torsión

1) Siéntese sobre los talones, con la columna vertebral recta y erguida.

2) Apoye la cadera izquierda en el suelo, flexione la pierna derecha y llévela por encima de la izquierda, apoyando el pie al costado del muslo izquierdo.

3) Inhale y levante el brazo derecho y, al exhalar, llévelo hacia atrás rodeando la cintura con la palma de la mano hacia fuera.

4) Coloque la mano izquierda sobre el empeine del pie derecho.

5) Inhale y, al exhalar, gire hacia la derecha todo lo que sea posible, de modo tal de que mire sobre el hombro derecho.

6) Levante levemente el mentón.

Ejercicio de Reiki tibetano

1) Separe las piernas del ancho de la cadera, oriente levemente los pies hacia fuera y destrabe las rodillas.

2) Coloque las manos en forma de cuenco alrededor del cuello en la zona del quinto chakra.

3) Perciba de qué manera las manos envían energía al chakra sobre el que se encuentran.

4) Emita el sonido Ham correspondiente al quinto chakra y visualice mentalmente el color azul.

5) Sin retirar las manos de ese lugar, traslade el peso del cuerpo a la pierna derecha y gire la cadera hacia fuera y hacia la derecha, hasta estirar la pierna izquierda.

6) Luego, vuelva a la posición anterior y, desde allí, traslade el peso a la pierna izquierda, hasta estirar la pierna derecha.

7) Vuelva a la posición inicial. Repita tres veces la secuencia.

8) Dé por finalizado el ejercicio.

Técnica respiratoria para la activación

La respiración surya es sumamente adecuada para optimizar el funcionamiento del quinto chakra. Para llevarla a cabo:

1) Tape su fosa nasal izquierda e inhale y exhale solamente por la fosa derecha.

2) Mantenga ese ritmo por, aproximadamente, 3 minutos.

Cristales y piedras preciosas para la estimulación

- **Aventurina:** ayuda a liberar la creatividad bloqueada y a activar la imaginación.

- **Adularia:** gema selénica por antonomasia, tiene el poder de proteger a todo aquel que realiza viajes. Como piedra de signo eminentemente femenina, es útil tanto a hombres como a mujeres que busquen establecer un contacto más estrecho con su lado femenino: sensibilidad, ternura y erotismo corporal holístico, en contraposición con la sexualidad meramente genital característica de lo masculino. Ayuda a recordar los sueños y a eliminar los bloqueos que impiden la creatividad.

- **Lapislázuli:** favorece todos los tipos de expresión y ayuda de manera notable a desarrollar talentos latentes.

- **Aguamarina:** auxilia en la tarea de aliviar miedos y fobias y favorece la comunicación en todas sus formas, pero especialmente en la oral.

- **Sodalita:** excelente para curar todas las afecciones de garganta.

- **Turquesa:** proporciona claridad en todas las formas de comunicación y facilita la búsqueda de la verdadera voluntad al hacer viable la sintonización del yo con las instancias superiores.

- **Zafiro:** fortalece el chakra de la garganta.

Meditación visual programada para la armonización

1) Acuéstese boca arriba en un sitio silencioso y donde esté a salvo de interrupciones.

2) Cierre los ojos y focalice la atención en la respiración, cuyo aire debe ir a la zona baja del estómago.

3) Sienta cómo el aire entra al organismo, permanece un tiempo en su interior y luego lo abandona.

4) Visualice mentalmente una luz azul brillante sobre su garganta. Se trata de una luminosidad totalmente benéfica que relaja la zona y la libera de todo posible bloqueo.

5) Con cada bocanada de aire que inspira, la luz en cuestión empieza a abarcar una superficie corporal mayor: se traslada hacia su rostro, el torso, el abdomen, etcétera, de manera tal de cubrir toda la superficie de su cuerpo.

6) Cada porción sobre la que esta luz se posa, se torna liviana e ingrávida, ligera por demás.

7) Ahora la luz azul va hacia el interior de su cuerpo e irradia los músculos, los tejidos internos, los diferentes órganos (hígado, pulmones, bazo, estómago, etcétera).

8) Cada lugar por donde pasa queda sanado y libre de dolencias.

9) Disfrute de esa sensación de salud y plenitud y, cuando lo crea conveniente, abra los ojos y dé por finalizada la meditación.

Afirmación

"Puedo conectarme con mi yo más profundo y es desde allí, que expreso lo que soy y comunico mi esencia. Desde la devoción, tomo todas las experiencias y aprendo a partir del desapego. Soy libre y uno con el Cosmos".

Aceites aromáticos

- Patchouli, para armonización general.
- Si se desea, específicamente relajación, espliego y frutilla.
- Para estimularlo, vainilla y rosa.

Cómo lograr la plenitud ambiental en pos del quinto chakra

Los elementos decorativos que se detallan a continuación harán que un ambiente sea propicio para estimular del quinto chakra
- Iluminación con tonos de azul.
- Cualquier otro elemento decorativo del mismo color o de color turquesa: una alfombra, algún adorno, un tapiz, etcétera.
- Un cuadro o fotografía con la imagen de un cielo límpido y celeste.

Un talismán planetario

- El mejor momento para confeccionarlo es el jueves, día consagrado al planeta Júpiter, regente del primer núcleo energético.

- Se requieren los siguientes materiales: una pequeña placa redonda de estaño y un buril pintado de azul.

- Se procederá, entonces, a grabar con el buril en una de las caras del disco, el símbolo del planeta Júpiter.

- Una vez grabado, se deberá consagrar el talismán. Para ello, se colocará sobre unos carboncitos encendidos, las siguientes hierbas y sustancias: semillas de lino, incienso y borraja y se sahumará el talismán durante unos minutos, sosteniéndolo por encima del humo a unos pocos centímetros de distancia.

- Este talismán puede colgarse al cuello y llevarse de manera permanente para activar el quinto chakra o puede colocárselo diariamente sobre el quinto chakra durante unos minutos.

Gastronomía energética

Platos para estimular el quinto chakra

Verduras y hortalizas nutren al quinto chakra. Por esa razón, se recomiendan los siguientes platos para estimular al chakra garganta.

Ensalada fría de vegetales cocidos

Ingredientes
2 zanahorias cortadas en juliana.
1 puerro cortado en juliana (sin la parte verde).
½ morrón rojo, sin el centro ni las semillas, cortado en juliana.
½ morrón verde, sin el centro ni las semillas, cortado en juliana.
½ morrón amarillo, sin el centro ni las semillas, cortado en juliana.
1 paquete de espinaca.
Aceite, cantidad necesaria.
Sal y pimienta.

Para el aderezo:
  2 cucharadas de aceite de oliva.
  ½ cucharada de vinagre de manzana.
  Perejil picado.

Preparación

1) Colocar la zanahoria, el puerro, los morrones y las espinacas en una fuente para horno. Rociar con el aceite y condimentar con sal y pimienta.

2) Cocinar en horno moderado hasta que los vegetales estén cocidos pero, a la vez, firmes. Unos quince minutos serán suficientes. Retirar y dejar enfriar.

3) Batir el aceite y el vinagre y aderezar los vegetales. Agregar perejil picado y servir.

Ratatouille

Ingredientes
  Medio kg de berenjenas cortadas en rodajas.
  Medio Kg de zapallitos largos cortados en rodajas.
  3 cebollas grandes cortadas en juliana.
  Medio Kg de morrones rojos, sin el centro ni las semillas, cortados en juliana.
  Media taza de aceite de oliva.
  6 dientes de ajo picados.
  1 Kg de tomate perita, pelados, sin semillas y en cubos.
  3 ramas de tomillo fresco.
  1 cucharada de perejil fresco, picado.
  2 cucharadas de albahaca fresca picada.
  2 semillas de coriandro.
  Sal y pimienta negra a gusto.

Preparación

1) Calentar la mitad del aceite en una sartén grande y, cuando esté bien caliente, agregar las berenjenas curadas y freír unos

tres o cuatro minutos de cada lado, hasta que estén blandas y ligeramente doradas.

2) Retirar las berenjenas y escurrir bien en un papel de cocina. Reservar.

3) Calentar cuatro cucharadas de aceite en la sartén y freír los zapallitos a fuego fuerte durante tres o cuatro minutos de cada lado hasta que estén ligeramente cocidos.

4) Colocar los zapallitos y las berenjenas en una olla. Reservar.

5) Freír las cebollas en la sartén con el resto del aceite a fuego lento durante unos diez minutos, hasta que estén blandas pero no doradas. Retirar y colocar en la olla con los zapallitos y las berenjenas.

6) Con el aceite que quedó en la sartén, freír los morrones durante cinco minutos y, luego, colocarlos en la olla.

7) Finalmente, también con el aceite que queda en el fondo de la sartén, freír el ajo y, cuando éste empiece a chisporrotear, agregar los tomates, el tomillo, el perejil, la albahaca y el coriandro. Cocinar hasta que los tomates estén a punto de deshacerse.

8) Echar la mezcla de tomates sobre las verduras de la olla y cocinar suavemente durante diez minutos.

Tempura vegetariano

Ingredientes:
1 zanahoria cortada en bastones.
4 flores de brócoli.
1 morrón rojo cortado en bastones.
1 berenjena cortada en bastones.
2 claras de huevo.
Jugo de limón.
2 cucharadas de harina.
Un poco de agua fría.
Aceite para freír.
Sal y pimienta.
Salsa de soja y jengibre rallado, para acompañar.

Preparación

1) Calentar abundante aceite en una sartén grande o en un wok.
2) Preparar la masa para rebozar las verduras: batir las claras hasta casi punto nieve y añadir el jugo de limón. Agregar la harina y un poco de agua, y mezclar bien hasta que espese un poco (debe quedar bastante líquida).
3) Condimentar los vegetales con sal y pimienta y sumergirlos en la masa.
4) Freír por unos minutos hasta que estén dorados.
5) Escurrir y servir acompañado de la salsa de soja y el jengibre.

Ensalada de corazones de alcaucil

Ingredientes:
10 corazones de alcaucil cocidos y cortados en cuatro.
1 cebolla de verdeo picada.
1 taza de apio cortado en rodajas.
Media taza de aceitunas negras descarozadas.
1 cucharada de polvos de curry.
2 cucharadas de mayonesa.
1 cucharada de jugo de limón.
Sal.

Preparación:

1) Colocar en un bol los corazones de alcaucil, la cebolla de verdeo, el apio y las aceitunas. Reservar.
2) Mezclar bien la mayonesa, con el curry y el jugo de limón.
3) Verter este aliño sobre la ensalada reservada y salar.

Preguntas orientadoras para conocer el funcionamiento del quinto chakra

1) ¿Cómo es mi relación con la divinidad? ¿Creo en alguna instancia superior? Si es así: ¿en cuál de ellas y con qué fuerza?

2) ¿Tengo el hábito de orar, meditar o rezar? Si es así: ¿con cuánta frecuencia y qué efectos noto luego de hacerlo?

3) ¿Considero que soy una persona creativa? ¿Me ven de esa manera los demás?

4) ¿Qué actitud tengo hacia las ideas no convencionales que se me ocurren? ¿las realizo o no?

5) ¿En qué ámbitos de mi vida me permito tener una actitud innovadora y en cuáles no?

6) ¿Cómo me comunico con los demás? ¿Escucho lo que me dicen? ¿Puedo decir aquello que necesito expresar?

Ejercicios a partir de las respuestas a las preguntas orientadoras

1) Medite acerca de su creencia en su ser superior, en cómo se fue desarrollando y cambiando o no a lo largo del tiempo.

2) Realice un listado de, por lo menos, cinco actitudes que haya tenido últimamente que usted considere creativas o innovadoras. ¿Por qué las considera de esa manera? ¿Cuál hubiera sido una actitud tradicional al respecto?

3) Realice una vez por día alguna actividad de manera no convencional o diferente a como venía haciéndola.

4) Cada vez que alguien le diga algo del tipo: "no te entendí, ¿cómo? ¿me podés repetir?", pregunte qué fue lo que impidió la comprensión de su mensaje (¿habló usted muy rápido, de forma confusa?, etcétera).

El sexto chakra:
el centro de mando

Ajña es el sexto chakra y su denominación significa "centro de mando" o "el que dirige".

Nombres con que se lo conoce

- Ajña.
- Frontal.
- Del entrecejo.
- Tercer ojo.

Ubicación en el canal central

Segundo, comenzando desde arriba y sexto comenzando desde abajo.

Color básico predominante

Blanco, en realidad un "no-color", ya que la luz blanca es el resultado de la unión de todos los colores, por lo cual simboliza la totalidad y la síntesis, aquello que se diferencia de lo secuencial. Se vincula a la pureza y es una metáfora del espíritu durante la meditación.

Ubicación en el cuerpo

Interior del cerebro, a la altura del entrecejo.

Área de irradiación

El cerebro, la nariz, los ojos y el sistema nervioso.

Conexión glandular

El vínculo glandular correspondiente al sexto chakra es la glándula pineal.

Los monjes tibetanos hablaban, y aún hoy en día lo siguen haciendo, de un tercer ojo, ubicado aproximadamente en el centro del cerebro y entre los ojos, que había sido el centro de la clarividencia y de la intuición. Con el paso del tiempo, ese tercer ojo se había ido atrofiando y, por lo tanto, era necesaria su recuperación. Posteriormente se asociaría ese tercer ojo con la glándula pineal.

El nombre pineal se debe a su forma, semejante a una piña, siendo su tamaño aproximado el de un poroto y está ubicada en el interior del cuerpo humano, inmediatamente encima de las orejas y en el centro, bajando desde la parte superior de la cabeza.

Entre sus múltiples funciones está la de controlar el inicio de la pubertad, influir sobre la vista, regular los ritmos circadianos e inducir al sueño, esto último a partir de segregar la hormona denominada melatonina.

Mandala que lo representa

Flor de loto con dos pétalos grisáceos, tono que simboliza que nada es totalmente blanco o negro, sino que todas las cosas tienen un aspecto dual: lo masculino y lo femenino, lo amargo y lo dulce, los sentimientos y la razón, el calor y el frío, la vida y la muerte, el frío y el calor, etcétera. Al igual que en otros mandalas, aparecen el símbolo del miembro viril y el símbolo de los genitales femeninos a modo de signo de la unidad de la dualidad. Hay, además, una luna que hace referencia a la luz de la consciencia que posibilita ver lo invisible y, encima de ella, un punto que alude al espacio infinito. El bija mantra que le corresponde es Om.

Dioses que habitan este chakra

La divinidad masculina que se corresponde con Ajña es Shiva en su manifestación más alta, la cual recibe el nombre de Paramshiva, quien lleva en una de sus manos un tridente que representa los tres aspectos de la consciencia: intento, afección y conocimiento.

Su contrapartida femenina es Shakty Hakini, deidad blanca y de seis manos y que se encuentra sentada en un loto rosa. En una de sus seis manos lleva un collar, con otras dos hace los mudras de conceder favores y evitar el miedo y en las restantes sostiene un tambor, un libro y un cráneo.

Animal hindú que lo simboliza

No hay un animal correspondiente a este núcleo energético. Luego del éter que rige al chakra precedente, ya no hay lugar para nada del orden de lo "ordinario".

Elemento regente

Se corresponde con el elemento radio, que proporciona luz y energía y tiene la misión descomponer patrones para poder, de esa manera, ensamblarlos nuevamente.

Planeta regente

Saturno es el astro que rige al chakra Ajña. Desde su simbolismo psicológico, es el encargado de enfrentarnos con las reglas y las obligaciones. Nos pone a prueba, nos plantea exigencias y, en ultima instancia, define nuestra realidad. Significa, asimismo, una resistencia que debemos superar para poder ocupar nuestro lugar en el mundo, ya que se lo vincula a lo que impide, retrasa y obstaculiza. También hace referencia a un estado avanzado de evolución, a la estabilidad, la perseverancia y el poder de concentración.

Conceptos claves e ideas fuerza del sexto chakra

- Ajña tiene la misión de conectarnos con la sabiduría espiritual e intuitiva que transforma de manera radical la experiencia humana.

- Allí, la lógica y la intuición logran una alquimia perfecta, lo cual deviene en comprensión y aprehensión verdadera y profunda de la realidad.

- Es, también en otra alquimia perfecta, el motor de búsqueda de la auténtica sabiduría y del amor más profundo y trascendente.

- La rutilante energía de este vórtice energético lo convierte en sede de todo lo vinculado a la imaginación, la fantasía, la inspiración y la autopercepción.

- El sexto chakra es el centro privilegiado de la clarividencia y de la intuición psíquica, entendiendo esta última palabra en sentido esotérico, esto es, denotando una clase de sensibilidad en particular, concretamente, aquella que permite vincularse con los denominados fenómenos paranormales.

- Al llegar allí la energía está tan procesada y se ha vuelto tan sutil, que se derrama benéficamente sobre todos nuestros actos, de manera tal que nuestro accionar resulta serio al tiempo que benevolente.

- Es en Ajña donde se produce el verdadero y pleno despertar de la consciencia, lo que posibilita que el individuo se encuentre con el Universo y con la divinidad, aunque todavía se reconoce y se percibe como diferente de ella.

- Espíritu es una de las palabras claves de este vórtice energético. Espíritu, tal cual es concebido por los maestros alquimistas, esto es, como fuerza inmaterial clara, directa e iniciadora; espíritu en tanto iniciador y controlador de la vida y de las tareas evolutivas. Espíritu en tanto llama que está dentro de nosotros y que jamás se apaga, en tanto esencia interna que jamás caduca.

- Mandato es otra de las palabras claves para comprender las funciones y misiones de este núcleo energético. Ajña, en sánscrito, signfica: "centro de mando" o "el que dirige"; al despertar y potencializar el individuo obtiene mayor control sobre su vida, así como también responde con consciencia ampliada y sensibilidad renovada a los mandatos de su espíritu.

• • • ─────────────────────────────

> En los últimos tiempos, la parapsicología ha estudia-
> do de manera científica temas tales como la intui-
> ción, la clarividencia y la telepatía que no son sino,
> en última instancia, fenómenos de comunicación
> que se dan a través de distintos planos. Sin embar-
> go, los sabios de la India y del Tíbet han reconocido
> y estudiado estos fenómenos desde hace milenios.
> Por esa razón, es que fue en esa región del planeta
> donde surgió la noción de *tercer ojo*.

Signos de buen funcionamiento

Desde lo físico, un buen ritmo de sueño (vinculado a la glándula pineal y a la melatonina) y la ausencia de problemas en los ojos, constituyen dos signos claros de que este chakra se encuentra funcionando a pleno.

En el aspecto psicológico, un sexto núcleo energético abierto y armonizado, libre de bloqueos concede visión y entendimiento claro de los acontecimientos de la vida, incrementa la intuición, despierta el sexto sentido y genera en la persona la posibilidad de comprender el devenir existencial desde diferentes perspectivas

Signos de funcionamiento deficiente

Son claros síntomas de desequilibrio del chakra del entrecejo los siguientes problemas físicos: dolencias oculares, dolores de cabeza, jaquecas, sinusitis y trastornos de sueño (dificultad en conciliarlo, sueño entrecortado, hipersomnia, etcétera). Asimismo, cuando el mal funcionamiento es incipiente, no es extraño que el individuo experimente un estado de congestión nasal, difuso pero constante.

La sintomatología psicológica es amplia: puede producirse un estado permanente de nerviosismo e irritabilidad (a veces leve y, otras, acentuado), dificultad para entablar relaciones sociales que puede convertirse en una tendencia patológica al aislamiento, ausencia absoluta de intuición y/o estancamiento intelectual. Cuando la desarmonía de este núcleo energético es verdaderamente grave, puede llegar, incluso, a producir alucinaciones.

●●●

La intuición es otra forma de pensamiento, menos racional y más tangencial que la que utilizamos habitualmente en Occidente. Durante el fenómeno intuitivo no se piensa con el intelecto y de manera secuencial, sino que la información aparece de manera repentina y en su totalidad.
Y dejarse guiar por la intuición es comenzar a transitar por un hilo conductor que nos lleva directamente hacia el Yo superior.

Kit de trabajo para operar sobre el sexto chakra

Asanas

La postura de la media vela

1) Acuéstese en el suelo u otra superficie dura con la espalda y la nuca bien apoyadas.

2) Exhale y, lentamente, lleve las rodillas al pecho.

3) Levante la pelvis, sostenga la cadera con las manos y estire las piernas hacia arriba de manera tal de que formen, aproximadamente, un ángulo de 70°.

4) Manténgase en esa posición tanto tiempo como le sea posible, siempre con la cabeza y los hombros relajados.

5) Para finalizar, regrese las piernas a la posición original, apoyando la columna vértebra por vértebra.

La postura de la vela

1) Acuéstese en el suelo u otra superficie dura con el mentón cerca del esternón y los brazos a los costados del cuerpo con las palmas de las manos hacia el suelo.

2) Inhale y, al hacerlo, levante las piernas hasta llegar a un ángulo recto.

3) Lleve luego las piernas hacia atrás, mientras las nalgas se separan del piso y coloque las manos en la zona de los riñones, de modo tal de sostenerse.

4) Para volver, realice el camino inverso.

Ejercicio de Reiki tibetano

1) Párese en la posición básica: las piernas separadas del ancho de la cadera, y los pies levemente orientados hacia fuera.

2) Destrabe las rodillas.

3) Coloque la mano derecha sobre la frente y la mano izquierda sobre la zona alta de la nuca.

4) Gire la cadera en forma de ocho con un leve impulso de la izquierda hacia la derecha.

5) Emita el sonido correspondiente al sexto chakra, Om, al tiempo que visualiza mentalmente el color blanco.

6) Perciba de qué manera una corriente energética fluye de sus manos y va hacia la zona del chakra del entrecejo.

7) Mantenga la posición unos 3 minutos. Finalice.

Técnica respiratoria para la activación

La modalidad respiratoria más efectiva para activar el chakra Ajña es la conocida como "respiración circular," también denominada "círculo tántrico". Se trata de una técnica que prepara el cuerpo y la mente del individuo para entrar en una meditación profunda, despierta una agradable sensación de unidad físico-mental-espiritual y otorga paz.

Para llevarla a cabo, se deben seguir los pasos que se detallan a continuación:

1) Colóquese en la postura flor de loto y ponga las manos laxas sobre las rodillas.

2) Inhale y exhale el aire por la boca, sin que exista un quiebre o pausa entre ambas instancias.

3) Conviene, en un principio, que no extienda la sesión por encima de los 10 minutos. Con la práctica, podrá realizar, sin dificultades, sesiones de 1 hora o más.

Cristales y piedras preciosas para la estimulación

- **Amatista:** cuando se emplea para estimular el chakra del entrecejo favorece los estados alterados de conciencia, fortalece la consciencia espiritual y estimula la clarividencia.

- **Apatita púrpura:** activa todos los niveles de percepción muy por encima de lo normal. Asimismo, favorece la armonía y el equilibrio necesario para comenzar y proseguir el trabajo interior y facilita la meditación.

- **Azurita:** promueve y desarrolla los sueños premonitorios y clarifica la consciencia de la relación existente entre la materia y el espíritu.

- **Calcita:** fortalece los estadios mentales superiores. Nutre y favorece la inspiración y la experiencia espiritual. Une el mundo del espíritu con el mundo del intelecto y de las ideas.

- **Fluorita azul:** se trata de una piedra protectora, que opera a modo de "escudo psíquico" y viabiliza y favorece estados transcendentales de conciencia.

- **Fluorita blanca:** fortalece los planos más etéricos del espíritu

- **Perla:** piedra purificadora que genera un aura de serenidad y facilita la devoción.

- **Zafiro:** incrementa la consciencia y favorece la comunicación espiritual. Resulta de gran ayuda en la comunicación con guías y ángeles.

Meditación visual programada para la armonización

1) Siéntese en una postura cómoda y coloque una vela blanca encendida a una distancia aproximada de un metro y a la altura de sus ojos.

2) Cierre los ojos y focalice la atención en la respiración, cuyo aire debe ir a la zona baja del estómago.

3) Sienta cómo el aire entra a su organismo, permanece un tiempo en su interior y luego lo abandona.

4) Abra los ojos y fije la mirada en la luz de la vela.

5) Sienta cómo esa luz tiene el poder de iluminar, en el sentido metafórico, esto es, de producir un alumbramiento espiritual y mental.

6) Al cabo de unos minutos, cierre los ojos y visualice mentalmente la luz de la vela que se estuvo observando.

7) Manteniendo los ojos cerrados, mire hacia arriba en dirección a la ubicación del sexto chakra y traslade a ese lugar la imagen de la llama de la vela.

8) Permita que la luz se expanda de manera tal que ilumine su mente, sus pensamientos, sus intuiciones, su consciencia, sus fantasías y su inspiración.

9) Esa llama está ahora en su mente, llevando a ésta al máximo de sus potencialidades, tanto las conocidas como las aún por descubrir.

10) Disfrute de ese estado de crecimiento y plenitud.

11) Cuando lo desee, estire el cuerpo, abra los ojos y dé por finalizada la meditación.

Afirmación

"La realidad se me muestra a cada segundo y yo la comprendo y la entiendo porque soy parte de ella. Para hacerlo, mi mente se hace a un costado para dejarle libre el sendero a la intuición y la clarividencia. Mi mente no lucha contra ellas, sino que las considera hermanas necesarias para captar el Universo. Por eso, porque aprehendo el Cosmos desde la racionalidad, el intelecto, la clarividencia y la intuición en una alquimia de conocimiento irrepetible, es que percibo a la divinidad y hacia ella me encamino".

Aceites aromáticos

•   Limón y gardenia, para la armonización general.

- Para su relajación, almizcle.

- Si se desea estimularlo, mandarina y mirra.

Cómo lograr la plenitud ambiental en pos del sexto chakra

Los elementos decorativos que se detallan a continuación harán que un ambiente sea propicio para estimular el chakra Ajña:

- Iluminación blanca pura.

- Cualquier otro elemento decorativo del mismo color: cortinas, paredes, alfombras, etcétera.

- Un cuadro o fotografía con la imagen de un paisaje nevado o las cumbres nevadas de una montaña.

Un talismán planetario

- El mejor momento para confeccionarlo es el sábado, día consagrado al planeta Saturno, regente del sexto núcleo energético.

- Se requieren los siguientes materiales: una pequeña placa redonda de plomo y un buril pintado de negro.

- Se procederá, entonces, a grabar con el buril en una de las caras del disco, el símbolo del planeta Saturno.

- Una vez grabado, se deberá consagrar el talismán. Para ello, se colocarán sobre unos carboncitos encendidos, las siguientes hierbas y sustancias: corteza de abedul, cáscara seca de naranja y salvia y se sahumará el talismán durante unos minutos, sosteniéndolo por encima del humo a unos pocos centímetros de distancia.

- Este talismán debe colocarse diariamente durante unos circo minutos sobre el entrecejo, de manera tal de recargar este
  chakra con las cualidades saturnianas (sabiduría, lógica e intu-
  ción, entre otras).

Gastronomía energética

Platos para estimular el sexto chakra

El tercer ojo se ve nutrido con la ingestión de hongos. Las recetas que presentamos a continuación resultan muy estimulantes
para ese vórtice energético.

Fideos con hongos

Ingredientes:
1 paquete de 500 g de fideos.
2 tazas de hongos cortados en láminas.
1 diente de ajo.
2 cucharadas de perejil picado.
4 cucharadas de aceite de oliva.
1 cucharada de jugo de limón.
Queso rallado.
Sal.

Preparación:
1) Poner el aceite en una sartén, sofreír el diente de ajo entero y
   retirarlo cuando se empiece a dorar.
2) Añadir los hongos.
3) Sazonar con la sal y el limón.
4) Añadir un par de cucharaditas de agua, tapar y dejar cocer a
   fuego lento unos quince minutos.
5) En una olla con abundante agua salada, cocinar la pasta al
   dente.

6) Escurrirla muy bien, verter en una fuente y condimentarla con la preparación de hongos.
7) Servir muy caliente, espolvoreada con el queso y el perejil.

Hongos al horno

Ingredientes:
Medio Kg de hongos frescos.
3 dientes de ajo picado.
1 cucharada de perejil picado.
3 cucharadas de aceite de oliva.
2 cucharada de pan rallado.
2 cucharadas de queso rallado.
1 vaso de vino blanco.
Sal.

Preparación:
1) Filetear los hongos, salarlos, rociarlos con el aceite de oliva y mezclar bien.
2) Colocarlos en una fuente que pueda ir al horno.
3) Espolvorearlos con el ajo picado, el perejil, el pan rallado y el queso rallado.
4) Rociar con el vino blanco y hornear hasta que estén tostados.

Ensalada de hongos

Ingredientes:
½ Kg de hongos variados salteados
2 huevos duros picados.
1 morrón rojo, sin el centro ni las semillas, cocido y cortado en juliana.
1 morrón verde, sin el centro ni las semillas, cocido y cortado en juliana.
1 cebolla pequeña cortada en juliana.
1 planta de lechuga cortada en juliana.

8 cucharadas de aceite de maíz o girasol.
3 cucharada de aceto balsámico.
1 cucharadita de salsa de mostaza.
Sal.

Preparación:
1) Colocar los hongos, los huevos duros picados, los morrones, la cebolla y la lechuga en un bol.
2) Preparar un aliño con el aceite, el aceto bálsamico, la salsa de mostaza y la sal, batiendo bien todos los ingredientes hasta lograr una emulsión uniforme.
3) Verter el aliño sobre los ingredientes, revolver y servir.

Sándwich de hongos y tomate

Ingredientes:
2 rodajas de pan de campo.
1 taza de hongos cortados en láminas
1 tomate pelado y sin semillas cortado en rodajas finas
1 cucharadita de perejil picado
1 cucharada de jugo de limón
5 cucharadas de aceite de oliva
Sal y pimienta gusto

Preparación:
1) Colocar dos cucharadas de aceite de oliva en cada una de as rodajas de pan y dejar que lo absorban.
2) Utilizar el aceite restante para saltear los hongos hasta que estén tiernos.
3) Colocar sobre una de las rodajas de pan: las rodajas de tomate, los hongos y el perejil.
4) Rociarle encima el limón y salpimentar a gusto.
5) Cerrar el sándwich con la otra rodaja.

Preguntas orientadoras para conocer el funcionamiento del sexto chakra

1) ¿Soy una persona intuitiva? ¿Qué puedo hacer para desarrollar más mi intuición?

2) ¿He tenido sueños que considero premonitorios? Si es así: ¿Cuáles han sido y qué tipo de acontecimiento han predecido?

3) ¿He experimentado algún o algunas veces una premonición? ¿Cuándo y qué clase de suceso he presentido?

4) ¿Me considero una persona fantasiosa? ¿Por qué?

Ejercicios a partir de las respuestas a las preguntas orientadoras

1) Lleve un diario de sueños. Todas las mañanas al despertarse, anote sus sueños y, cuando desee hacerlo, lea el diario e intente descifrar el mensaje que su inconsciente ha tratado de enviarle a través de las imágenes oníricas.

2) Realice un dibujo que represente a su espíritu y pídale a las personas cercanas a usted que le cuenten qué sensaciones les transmite.

El séptimo chakra: más allá de las diferencias

El séptimo chakra es Sahasrara, nombre que significa "más allá de las diferencias".

Nombres con que se lo conoce

- Sahasrara.
- Corona.
- Coronario.
- Coronilla.

Ubicación en el canal central

Séptimo y último, comenzando desde abajo, y primero comenzando desde arriba.

Color básico predominante

Violeta, tonalidad de larga tradición en lo que se refiere a sus cualidades espirituales, asociadas con la idea de divinidad. Por ello, es el color característico del último chakra, aquel que contiene la energía más sutil y en donde se realiza la unión del plano humano con el del Yo superior. Asimismo, es el tono que posee la frecuencia vibratoria más elevada en el espectro de los siete colores.

Ubicación en el cuerpo

Si bien convencionalmente se lo sitúa en la zona superior de la cabeza, lo cierto es que no puede ubicárselo en un sitio determinado del cuerpo físico ya que, en realidad, se trata de un núcleo energético que se halla por fuera de éste, en el aura y por encima de la coronilla.

Área de irradiación

Por ser el último de los chakras y por encontrarse fuera del cuerpo, por encima de éste, el área de irradiación de Sahasrara es el cuerpo en su totalidad y también ejerce su influencia sobre el aura.

Conexión glandular

Las complejas funciones de la glándula pituitaria demuestran que es, en buena medida, responsable de la clase de cuerpos que tenemos y de la manera en que éstos funcionan.

La glándula pituitaria es la encargada de regular el sistema endocrino. Es pequeña –del tamaño de un poroto– pero sumamente poderosa. Posee dos lóbulos y cuelga de un corto tallo que sale de la base del cerebro, en un pequeño orificio que se encuentra detrás de la nariz y entre los ojos. En realidad, cada lóbulo es una glándula distinta.

El lóbulo posterior es el encargado de secretar las hormonas que se encargan de la contracción del útero durante el embarazo y al iniciarse la lactancia. Asimismo, genera la sustancia que ayuda a los riñones a regular los fluidos corporales y los niveles de sodio y de potasio.

El lóbulo anterior es el controlador, porque todas sus hormonas, a excepción de la hormona del crecimiento, planifican la función de las demás glándulas endocrinas.

Mandala que lo representa

Flor de loto de mil pétalos y una luna que emite reflejos de múltiples colores. No hay un bija mantra que le corresponda: su única posibilidad al respecto no es un sonido determinado sino el silencio.

Dioses que habitan este chakra

Shiva y Shakty, la pareja divina por excelencia, en sus bodas místicas.

Animal hindú que lo simboliza

Tal como se explicó en el chakra anterior, ya no hay tal.

Elemento regente

De manera contraria a los chakras precedentes que entablaban determinadas correspondencias elementales (con el aire, con la tierra, con el éter, etcétera) en este caso no existe tal reciprocidad ya que este núcleo energético, al conectar al individuo con el plano superior absoluto, es el centro mismo de la trascendencia y no puede equipararse a ningún elemento.

Planeta regente

Neptuno es el astro celeste que representa el idealismo que toca la divinidad y que simboliza el sentimiento de sublimación, a través del cual el individuo quiere fundirse con el Todo Superior. Por esa razón, alude al nirvana, donde la subjetividad se fusiona en una unidad infinita de ser y conciencia.

Asimismo, se lo vincula a la inspiración, al misticismo y, muchas veces, el genio. Su influencia confiere voluntad para buscar la verdad más elevada.

Conceptos claves e ideas fuerza del séptimo chakra

- Sahasrara es el fin del camino, el más elevado vórtice energético, el encargado privilegiado de recibir la energía cósmica-divina y el regalo de la vida.

- Está considerado el transductor más importante de las radiaciones del Cosmos.

- Allí anida una suerte de hiperconsciencia que se va más allá de las coordenadas temporales y espaciales. Y es en esa superconsciencia donde se lleva a cabo el proceso de unión entre el plano estrictamente humano y el Yo más elevado.

- Es el chakra relacionado con la consciencia cósmica, la inspiración y la iluminación. Es el núcleo energético de la realización final y de la liberación de la vida.

- Sahasrara es el lugar de la consumación del matrimonio místico que se produce cuando el ego se disuelve y la energía femenina y masculina mutan de signo para convertirse en una sola de carácter divino.

- Alma es una de las palabras claves de este último (y primer) vórtice energético. Tal como lo entienden los alquimistas, el alma es plenamente receptiva, pero esta capacidad de recibir se ve frecuentemente ensombrecida por las experiencias. Cuando, en su viaje, la energía arriba a Sahasrara el alma vuelve a su pureza receptora y se transforma en una fuerza gestante.

- Es allí donde reside el verdadero conocimiento que implica la luz y la visión de la sabiduría.

- Cuando la voluntad inferior es capaz de liberar parte de su sometimiento e insolubilidad a la voluntad nueva, la vida se ilumina y pasa a estar regida por el plano espiritual. Todo ello sólo es posible a través del chakra coronilla.

- Sahasrara es el chakra de la liberación, es el área energética que hace posible que el sometimiento a la encarnación presente no sea un estado de obediencia ciega. Liberación, en este plano del lenguaje, significa tener confianza en el Yo más elevado, en el Yo superior, lo que posibilita tener una actitud relajada sin por ello abdicar totalmente de las responsabilidades o de una observación atenta.

- Es una suerte de puente que permite la conexión con todo lo que hubo, hay y habrá en el Universo.

> El séptimo chakra (que se halla por fuera del cuerpo) es el lugar del comienzo del camino de la vida y es el lugar donde se regresa al final. Allí, el alma se encarna en el cuerpo, transita su camino evolutivo y se incorpora a otra dimensión. Allí, el campo energético personal regresa a la morada primordial del campo energético universal.

Signos de buen funcionamiento

Cuando este chakra se encuentra equilibrado y funcionando en su plenitud el ser humano arriba a su más alto desarrollo a todo nivel: físico, espiritual, mental y energético.

Signos de funcionamiento deficiente

En el plano físico, los signos de desequilibrio más frecuentes suelen ser la sensación de presión en el cráneo y problemas endocrinológicos varios. En el ámbito psicológico, suelen producirse desórdenes mentales graves.

Kit de trabajo para operar sobre el séptimo chakra

Asanas

La postura del árbol

1) Párese, con las plantas de los pies bien apoyadas en el suelo.

2) Inhale y, al exhalar, flexione la pierna derecha llevando el pie con la planta hacia fuera, cruzando la línea de la ingle.

3) Fije la vista en un punto y eleve los brazos de manera tal de juntar las manos por encima de la cabeza.

4) Respire lenta y profundamente y mantenga esa postura mientras resulte cómoda.

5) Al desarmar, baje la pierna y los brazos muy lentamente.

6) Relaje y aflójese, sacudiendo los brazos y las piernas.

7) Descanse unos segundos, concéntrese y repita la secuencia completa con la otra pierna.

La postura parada de cabeza

1) Colóquese de rodillas y apoye los antebrazos en el piso con cada mano en el codo contrario, de modo tal de conservar el ancho de los hombros.

2) Sin mover los codos de lugar, lleve las manos hacia delante hasta entrelazar los dedos y apoye la coronilla en el hueco que queda entre las manos.

3) Enderece las rodillas y, una vez hecho esto, camine todo lo que se pueda en puntas de pies hacia la cabeza hasta lograr que la cadera con el coxis se eleven, apuntando hacia arriba, de manera tal que la cabeza, el pecho y la cadera queden en una vertical.

4) Inhale y, al exhalar, acerque los muslos al abdomen y los talones a los glúteos.

5) Mantenga esa posición hasta sentirse seguro y en equilibrio.

6) Mediante un giro de cadera, eleve las rodillas hasta que los muslos estén verticales y las rodillas hacia el techo.

7) Suba los pies hasta que la columna quede en una sola línea, de modo tal que los pies y las piernas queden juntos y relajados.

Ejercicio de Reiki tibetano

1) Párese en la posición básica: las piernas separadas del ancho de la cadera, y los pies levemente orientados hacia fuera.

2) Destrabe las rodillas.

3) Sostenga las manos enfrentadas a una distancia de aproximadamente 10 cm sobre la coronilla con las palmas hacia abajo.

4) Mueva alternativamente la mano izquierda y la derecha en forma pareja hacia arriba y hacia abajo, de manera tal que casi se toquen la punta de los dedos.

5) Perciba la fuerza de la energía que las manos transmiten al chakra coronilla.

6) Mientras se realiza el ejercicio visualice el color violeta.

7) Mantenga el movimiento unos 3 minutos.

8) Dé por finalizado el ejercicio.

Técnica respiratoria para la activación

La modalidad respiratoria que presentamos a continuación se denomina *kapalabhati*, palabra que en sánscrito significa "Limpiar o hacer brillar (*Bhati*) el cráneo (*Kapala*)". El ejercicio está destinado a la purificación del aparato respiratorio, sanguíneo y celular en general, además de activar el séptimo chakra. Sus beneficios más notables son:

- Purifica las vías respiratorias, limpiándolas de mucosidades e impurezas, permitiendo un mejor funcionamiento del aparato respiratorio.

- Acelera el intercambio gaseoso de oxígeno y anhídrido carbónico en los pulmones, bajando el índice de éste último en la sangre, y elevando el nivel de oxígeno.

- Esto produce una purificación general del organismo, puesto que libera más rápidamente las toxinas transportadas por la sangre venosa, y estimula a todo el aparato celular.

- Debido a su estimulación sobre el metabolismo en general, eleva el calor del cuerpo. Grandes cantidades de oxígeno llegan al cerebro produciendo una estimulación y limpieza del mismo, con sus consecuentes repercusiones a nivel psíquico.

- Desde el punto de vista sutil, purifica el cuerpo energético, promoviendo la circulación del prana o energía vital por todos los nadis o canales energéticos.

Para llevarla a cabo, proceder de la siguiente manera:

1) En cualquier posición pero, preferentemente en la postura flor de loto, inhale en el doble de tiempo de la exhalación, de manera enérgica y rápida.

2) Puede comenzar con 2 series de 40 respiraciones y llegar a 3 series de 120 con una práctica asidua.

Cristales y piedras preciosas para la estimulación

- **Celestita:** favorece la meditación, cura y fortalece los pétalos del chakra de la coronilla y les proporciona vitalidad. Asimismo, despierta el deseo de celebrar los aspectos espirituales de la vida.

- **Diamante:** simboliza la perfección y la transparencia y tiene el poder de elevar el potencial espiritual y de estimular a la voluntad superior a que ilumine la personalidad.

- **Turmalina blanca:** estimula la integridad y una profunda comprensión del concepto de "obediencia anímica". Se trata de una piedra espiritualmente purificadora y que, por lo tanto, tiene el poder de aumentar la sinceridad y la intuición.

- **Jade blanco:** ayuda de manera notable a despertar la chispa divina interior al tiempo que, como consecuencia de ello, refuerza la comunicación con el Yo superior.

Meditación visual programada para la armonización

1) Acuéstese boca arriba en un sitio silencioso y donde esté a salvo de interrupciones.

2) Cierre los ojos y focalice la atención en la respiración, cuyo aire debe ir a la zona baja del estómago.

3) Perciba cómo el aire entra al organismo, permanece un tiempo en su interior y luego lo abandona.

4) Visualice mentalmente un arco iris.

5) Perciba cómo ese arco iris irradia una fuerte luz de siete colores brillantes y luminosos: son los rayos de la existencia cósmica.

6) Sienta de qué manera esos rayos van bajando a lo largo de su columna, vertebral desde el chakra coronilla hasta el chakra raíz, de manera tal de iluminar cada uno de los núcleos energéticos por donde pasan.

7) Hacia el final del recorrido los siete rayos están iluminando con su luz benéfica sus siete núcleos energéticos vitales.

8) Tome consciencia de que los siete chakras se encuentran despiertos, libres de bloqueos, iluminados y en camino cierto a llegar al máximo de sus potencialidades.

9) Disfrute de ese sentimiento único de estar en el sendero de la plenitud total.

10) Dé gracias al Universo por haber estado presente en la meditación y por ser una fuente constante de energía.

11) Estire el cuerpo.

12) Abra los ojos y dé por finalizada la meditación.

Afirmación

"Me hago uno con la divinidad, porque el loto de los mil pétalos se abre y con él, la unidad y la sabiduría florecen. Tomo mi lugar señalado desde el origen mismo del planeta. Por eso, más allá del espacio y del tiempo, soy".

Aceites aromáticos

- Ylan-Ylang, para armonización general.
- Si se desea, específicamente relajación, ámbar.
- Para estimularlo, menta.

Cómo lograr la plenitud ambiental en pos del séptimo chakra

Los elementos decorativos que se detallan a continuación harán que un ambiente sea propicio para estimular el chakra Sahasrara.

- Una bombita de luz de color violeta. La denominada "luz negra" resulta ideal.

- Cualquier otro elemento decorativo del mismo color: un ramo de flores en un jarrón, una alfombra, algún adorno, etcétera.

- Un cuadro o fotografía con la imagen de un arco iris o un cielo nocturno.

Un talismán planetario

- Por la cualidad holística que caracteriza a este chakra, cualquier día es propicio para fabricar el talismán.

- Se requieren los siguientes materiales: una pequeña placa redonda de platino y un buril pintado de violeta.

- Se procederá, entonces, a grabar con el buril en una de las caras del disco, el símbolo del planeta Neptuno.

- Una vez grabado, se deberá consagrar el talismán. Para ello, se colocará sobre unos carboncitos encendidos, mirra e incienso y se sahumará el talismán durante unos minutos, sosteniéndolo por encima del humo a unos pocos centímetros de distancia.

- La mejor manera de que este talismán ejerza su bienechor efecto es colgándolo sobre el respaldar de la cama, de manera tal de que mientras se duerme, su influjo se derrame sobre el chakra coronilla.

Gastronomía energética

El ayuno

A diferencia de los restantes chakras que se estimulan me - diante la ingestión de determinados alimentos que le son prc - picios, el séptimo chakra, por constituir el vórtice energétic) más sutil del ser humano, requiere de ayuno para alcanzar s」 plena potencialidad. Sin embargo, es necesario hacer una sa - vedad importante: contrariamente a muchos hindúes, duchcs en la práctica del ayuno como forma de purificación corporal y espiritual, el ser humano occidental no se encuentra en general preparado para llevar a cabo esta experiencia de modo tal de no perturbar su equilibrio y su salud. Por lo tanto, si se desea estimular el chakra Sahasrara a través del ayuno, se deben tc - mar ciertas precauciones. Las básicas son:

- Nunca realizar más de un día de ayuno.

- Previo a esa jornada, comer bien. Esto no implica ingerir al - mentos pesados (que nunca resultan convenientes) pero sí, comidas que contengan nutrientes fundamentales: carnes ma - gras, quesos y lácteos en general y legumbres, amén de las siempre bienvenidas frutas y verduras.

- Durante el día de abstinencia alimenticia es primordial inge - rir mucha agua. No hay límite al respecto. Contrariamente a los alimentos, de los cuales sí puede cometerse un exceso y el cuerpo acusa recibo de ello, nunca se toma "demasiada agua". Se trata del fluido fundamental para el mantenimiento de la vida y, si hay exceso de él, el cuerpo lo elimina rápidamente, sin ninguna consecuencia negativa.

Preguntas orientadoras para conocer el funcionamiento del séptimo chakra

1) ¿Tengo alguna idea acerca de la trascendencia? ¿Cuál es? ¿Me ayuda esa idea a vivir de manera más plena?
2) ¿Qué idea tengo del alma?
3) ¿Me siento encaminado desde el punto de vista espiritual? Si así no lo estuviera: ¿qué puedo hacer para estarlo?
4) Mis elecciones cotidianas ¿son acordes con mi elección espiritual?
5) ¿Cómo me vinculo con el cosmos?
6) ¿Soy consciente de mi misión en la vida? ¿Cuál es? Si no lo estoy: ¿qué puedo hacer para estarlo?
7) ¿Poseo sabiduría en alguna área? ¿En cuál? ¿En qué me ayuda eso en la vida?
8) ¿Cuáles son las verdades eternas que respeto en mi vida?
9) ¿Qué es lo que considero sagrado?

Ejercicios sobre las preguntas orientadoras

1) Investigue acerca de la idea de la palabra "trascendencia": significado, ideas acerca de ella de los pensadores importantes, etcétera. Confeccione un cuaderno con todo lo hallado y léalo cuando necesite ayuda espiritual.
2) Realice un dibujo que represente el alma. Colóquelo en un lugar donde pueda mirarlo cada vez que lo necesite.
3) Confeccione una lista de actividades que usted supone que lo ayudarían en su crecimiento espiritual. Plantéese seriamente el compromiso de llevar a cabo, por lo menos, una de ellas.
4) Visite como mínimo una vez por mes, a una de esas personas que nutren su espíritu: amigo/a, pariente, maestro/a, etcétera.

Mantras para armonizar los chakras

Si bien desde sus inicios el budismo utilizó el canto y el recitado de versos como una vía para alcanzar la meditación, el uso de mantras no apareció hasta que surgieron las tradiciones del Mahâyâna, las cuales incorporaron elementos de una práctica espiritual no budista conocida como "Tantra". El Tantra utilizaba los mantras para comunicarse con los dioses e influir en ellos. El budismo adoptó esa metodología con otro objetivo: entrar en contacto con las cualidades de la iluminación. El Mahâyâna había desarrollado ya un "panteón" de figuras simbólicas con forma humana, que representaban la diversidad del estado iluminado. Dado su estrecho contacto con las tradiciones tántricas, era natural que estos Budas y Bodhisattvas arquetípicos llegaran a relacionarse con ciertas sílabas y mantras en particular.

La palabra mantra se divide en dos vocablos de origen sánscrito: *man*, que significa "mente" y *tra*, cuyo significado puede ser tanto "protección" como "instrumento". En cualquiera de los dos casos, es claro que un mantra es un recurso para proteger a nuestra mente contra los ciclos improductivos de pensamiento y acción. Precisamente, su función esencial a nivel psicológico es la capacidad del mantra de permitirnos enfocar y sosegar nuestra mente. Al concentrarnos en la repetición de un sonido, los pensamientos e imágenes que pueblan nuestra mente y la vuelven caótica, comienzan a diluirse hasta que nos liberamos de ellos. El uso de mantras es, así, una de las vías más efectivas para alcanzar el estado mental necesario para lograr la relajación, uno de los aspectos más difíciles a la hora de meditar.

Cuando meditamos, la mente se llena de pensamientos que nos bombardean sin orden. Los grandes maestros recomiendan, en estos casos, simplemente dejar que estas imágenes pasen por nuestra mente como nubes pasajeras sobre un cielo límpido y azul. Sin embargo, este consejo no suele ser fácil de aplicar. A menudo nos subimos a esas nubes y nuestra mente sencillamente no puede dejar de pensar. El canto de los mantras busca resolver este inconveniente de una manera efectiva.

Pero no es ese el único beneficio que nos aporta. Vivimos en un mundo de energía que vibra, existe una frecuencia vibratoria que corresponde a todo en el universo. Vibrando una particular combinación de sonidos, sintonizamos con varios niveles de inteligencia o conciencia. Al cantar un mantra, ponemos en juego 84 puntos meridionales o puntos de presión en el paladar. Estimulando esos puntos en el paladar en una secuencia particular, incrementamos la secreción de la glándula hipotálamo ocasionando un cambio en la permutación y combinación de las células del cerebro. Por esa razón, es importante pronunciar y mover con detalle la lengua para estimular cada uno de los puntos.

El sonido raíz

El mantra puede ser una palabra o un grupo de palabras. Sin embargo, lo importante no es lo que estas palabras quieren decir, sino los sonidos y vibraciones que generan. Se trata de una unidad básica de sonido o secuencia de ellos que modifica el flujo de nuestro diálogo interno y expande nuestra conciencia a través del significado, el sonido por sí mismo, el ritmo y la repetición, la cualidad energética del sonido y la reflexología de la lengua en el paladar de cada sonido. El uso científico para afectar la conciencia y el patrón del flujo de pensamientos es llamado Mantra Yoga.

Para la metafísica hindú, todo en el Universo está compuesto por sonido. Además, cada uno de los elementos vivos e inertes que se encuentran en él, contiene una representación simbólica de las pautas de energía que lo componen. A esta representación se la conoce como el sonido raíz (bija mantra). La intención de estos mantras es la de poner a la persona que lo pronuncia en resonancia con el objeto cuyo sonido raíz ha invocado.

El conocimiento de los bija mantra nos da un dominio sobre la esencia de las cosas. Cada chakra tiene su sonido raíz asociado; en él se encuentra la esencia del chakra y éste, a su vez, guarda correspondencia con su elemento. Así, los sonidos raíz proporcionan acceso a las cualidades de cada elemento:

Tierra:	Mulhadara:	LAM
Agua:	Swadhisthana:	VAM
Fuego:	Manipura:	RAM
Aire:	Anahata:	YAM
Éter:	Vishuda:	HAM
	Ajna:	OM
	Sahasrara:	N (nasal)

¿Cómo funcionan?

No es necesario tratar de comprender el significado o la simbología de un mantra para obtener sus beneficios. Es el sonido el que ejerce un efecto sobre nosotros, y no las palabras que se puedan desprender de él.

Los sonidos primarios, unidades que construyen las palabras. Pero, hay un manera más universal de usar el sonido. Cada sonido primario tiene una cualidad que induce una determinada vibración o patrón energético dentro de nosotros. Esto mismo lo experimentamos al escuchar música y sentir tristeza cuando percibimos el violín, o energía al sentir el ritmo de la percusión.

Además de formar palabras, los sonidos cumplen una función a nivel físico que ejerce un efecto directo sobre la química de nuestro cerebro. Por ejemplo, el sonido SA es abierto, sale de la punta de la lengua y vibra desde la cavidad central de la boca. Así, lo sentimos abierto y amplio. Repetir el sonido SA durante algunos minutos pronto nos llevará a sentirnos relajados, abiertos y amplios.

El sonido TA, en cambio, se realiza presionando desde detrás de los dientes y en el área superior de la boca hacia el frente. Es un sonido energético, directo e intencional, que nos brinda energía si lo repetimos en forma sostenida durante algunos minutos.

Una secuencia de unidades de sonido puede ser usada conjuntamente formando una escala. Cuando repetimos estas escalas, su patrón energético activa nuestro cerebro y cambia su química evocando diferentes estados, acordes a los patrones en esos sonidos.

La manera en que funcionan los mantras es bastante parecida a la forma en que actúa la música o, incluso, la publicidad. Utilizando canales subliminales, el ritmo sonoro funciona en el plano inconsciente y logra instaurar la nueva conducta a nivel consciente. Cuanto más intelectualicemos el mantra tratando de comprender lo que significa, menos beneficios nos aportará. El secreto está en trascender la mente consciente y percibir subliminalmente aquello que permanece oculto.

El ritmo y el sonido del mantra cambia el patrón de pensamientos. No existe un enfrentamiento entre estructuras de pensamientos, sino que modifican nuestra atención y nos desvían de los antiguos preconceptos.

Los mantras deben ser cantados en su idioma original, ya que no se trata de oraciones sino de sonidos. Si los tradujéramos a otro idioma tendrían un efecto positivo en nuestras mentes a manera de afirmaciones, pero no se trataría del profundo cambio que puede brindarnos su canto.

Los mantras más comunes

Son miles los mantras e invocaciones que existen en el mundo. Aunque provienen de diversas culturas y religiones, muchos de ellos poseen semejanzas que hablan de un origen en común. La lista de mantras que presentamos a continuación incluye los más tradicionales:

AOM: A partir de este sonido se creó el universo: es el sonido de todos los sonidos juntos, el gran sonido originario.

OM AH HUM: Estas tres sílabas se utilizan para purificar la atmósfera antes de emprender un ritual o una meditación y trasmutar una ofrenda material en su contrapartida espiritual.

OM MANI PADME HUM: Su significado es "la joya del loto que reside dentro". Mani Padme representa la joya del loto, la esencia divina. Hum representa la realidad sin límites encarnada dentro de los límites del ser individual. Hum es, entonces, la unión entre lo individual y lo universal.

OM KLIM CRISTAVE NAMA HA: Su significado es "en el nombre del Todo, que mi presencia crísitica venga a mí".

OM SHAANTI SHAANTI SHAANTI: Shanti significa "paz". El significado de este mantra es paz en cuerpo, habla y mente, es decir, en todo nuestro ser. Es común que las enseñanzas hindúes terminen con las palabras Om shanti shanti shanti, como una invocación a la paz.

OM TAT SAT: Las tres sílabas trascendentales que indican la Suprema Verdad absoluta, la Personalidad de Dios.

OM NAMAH SHIVAYA: Significa "en el nombre de Shiva" y su función es invocar a esa divinidad.

NAMY HO REN GE KYO: Mantra japonés cuyo significado es similar al anterior.

SO HAM: Se trata de un mantra silencioso que se repite con la respiración, tantas veces como se desee. Se dice SO al inspirar y HAM, al expirar. Significa "Yo soy eso".

Mantras para evolucionar

Los mantras nos pueden ayudar a alcanzar la claridad mental necesaria para meditar, pero también pueden ser el camino hacia nuestra evolución como personas. Existen mantras para eliminar los peores sentimientos y defectos de nuestra vida, así como hay otros que nos permiten desarrollar cualidades que nos hacen mejores personas. En todos los casos, es importante recitar el mantra elegido tantas veces como sea posible, hasta que alcancemos el objetivo.

Apego: OM AMITABHA HRI

Retira de nuestra vida el sentimiento de apego por las cosas y las personas, así como también la exageración de las cualidades de la persona a quien nos apegamos, o el objeto.

Compasión: OM MANI PEME HUM

Enseña a desarrollar la compasión hacia los demás y hacia uno mismo. Esto es, desear que todos los seres del universo estén alejados del sufrimiento.

Envidia: OM AMOGHASIDDHI AH

Destruye los celos y la envidia. Enseña a entender que todos valemos lo mismo y que lo que otros obtienen es tan merecido como lo que nosotros obtenemos.

Ignorancia: OM VAIROCHANA OM

Disuelve la creencia de que los fenómenos son independientes y aleatorios. De esta forma, nos hace comprender la ley de causa y efecto y la interdependencia de todo.

Inteligencia: OM ARAPATSANA DHI

Este mantra abre las puertas de nuestra inteligencia, a fin de mostrarnos el verdadero sentido del mundo que nos rodea.

Motivación: OM BUDA METRI MEM SOHA

Desarrolla nuestra capacidad de motivación, con el objetivo de mantener el interés por los proyectos de nuestra vida.

Obstáculos: OM TARE TUTARE TURE SOHA

Predispone la mente para encontrar la solución a los obstáculos que se nos presentan en la vida.

Odio: OM AKSHOBHYA HUM

Erradica el odio de nuestros corazones y la exageración de los defectos de la persona que odiamos. Además, nos enseña a no minimizar las cualidades de los demás.

Orgullo: OM RATNASAMBHAVA TRAM

Este mantra se utiliza para disolver el orgullo, la exageración de las propias cualidades y el menosprecio de las cualidades de los demás.

Sabiduría: OM AH HUM VAJRA GURU PEMA SIDDHI HUM

La sabiduría que nos enseña este mantra es aprender a vivir tal como somos, no tal como nos gustaría ser. Así, nos dice que no debemos apegarnos al ego.

Mantras de salud

Los mantras no sólo nos pueden hacer crecer como personas. También pueden colaborar a que la mente desarrolle un estado de salud que se traduzca en un cuerpo sano y vigoroso. Para ello, existen dos mantras clásicos.

OM AMARANISZE ENTIYE SOHA alarga la vida de quien lo recita. Es muy utilizado por los monjes budistas y sus resultados no se dan por obra de un milagro, sino a través del convencimiento que nuestra mente realiza de esta voluntad, lo que nos lleva a tener una vida más sana.

TAYATA OM BEKANZE BEKANZE MAHA BEKANZE RANTZA SAMUNGATE SOHA, es el mantra del Buda de la medicina y se utiliza para disolver enfermedades. Debe ser repetido tantas veces como sea posible, hasta que llega el tiempo de la sanación.

●●●────────────────────────────────────

Cómo recitar un mantra

Existen dos formas de recitar un mantra: en voz alta o interiormente. En ambos casos, deben decirse en forma rítmica y repetitiva. Algunos maestros recomiendan hacerlo una vez al día, a primera hora por la mañana. Así, los sonidos del mantra permanecen reverberando en la mente durante el resto del día y su efecto se extiende.

La velocidad del canto dependerá de nuestro objetivo. Un mantra rápido generará energía y puede resultar útil en algunos momentos de desidia. Un mantra lento, en cambio, proporcionará calma y nos mantendrá relajados, a salvo de las tensiones cotidianas.

Algunos pasos básicos pueden ayudarnos a entonar el mantra con mayor efectividad:

1) Adoptar una postura cómoda y erguida.

2) Durante algunos minutos, observar nuestra respiración y dejar que la mente se asiente.

3) Para decir el mantra en voz alta, inhalar profundamente llevando el aire al vientre. Luego, vibrar su sonido, en lo posible, con una sola exhalación.

4) Dejar que la última nota de cada mantra dure algunos segundos antes de comenzar el siguiente.

5) Para finalizar, disminuir lentamente el volumen del mantra, hasta que ya no sea un sonido externo y sólo lo escuchemos en nuestro interior. Luego, también ese canto sin voz se volverá silencio.

6) Antes de continuar con nuestras actividades, permanecer sentados percibiendo la vibración que el mantra dejó en nosotros.

Elegir nuestro Mantra

Un mantra es una poderosa fórmula espiritual que, cuando se la repite mentalmente, y en silencio, posee la capacidad de transformar la conciencia. Esto no tiene nada de mágico: es simplemente una cuestión de práctica. El mantra es una fórmula espiritual simple y eficaz para conjurar el poder más elevado que somos capaces de concebir, ya lo llamemos Dios, o la realidad última, o el Yo interior. Cualquiera sea el nombre que le demos, con el mantra invocamos lo mejor y más profundo de nosotros mismos.

El mantra aparece en todas las grandes tradiciones espirituales tanto de Occidente como de Oriente, porque llena una necesidad honda y universal del corazón humano. Para los cristianos, el nombre de Jesús en sí mismo es un mantra poderoso; los católicos usan también el avemaría. Los judíos, por su parte, lo llaman "Barukh attah Adonai", mientras que los musulmanes emplean el nombre de Alá. Acaso el mantra budista más antiguo sea "Om mani padme hum". Y en el hinduismo, entre muchas elecciones, el más popular es "Rama, Rama" (que fue el mantra de Mahatma Gandhi).

Pero para beneficiarnos con el mantra no hace falta pertenecer a ninguna religión: sólo debemos estar dispuestos a intentarlo. Una vez que haya elegido su mantra, no lo cambie; si lo hace, será como una persona que cava agujeros poco profundos en muchos lugares: nunca llegará lo bastante hondo como para encontrar agua.

Optar por lo simple

El poder del mantra no tiene nada de milagroso. Cuando lo repetimos, invocamos al Yo de nuestro propio corazón, y ese Yo nos dará acceso a nuestros recursos interiores más profundos. Cualquiera sea la religión que profese, o aún si no profesa ninguna, puede usar el mantra. Hoy en día, muchas personas desean evitar las connotaciones y asociaciones religiosas, y es comprensible, pero también es importante no privarse de la fuerza interior que puede brindar una rica tradición. Algunos especialistas sugieren utilizar la palabra "uno" como mantra: la intención es la de evitar cualquier referencia a toda religión, lo cual no es inapropiado, puesto que la meditación es una técnica más que una religión.

Pero, en las escrituras hinduistas más antiguas, se dice que Dios es "advaita", es decir, "uno, sin segundo". Plotino, místico occidental del siglo III, denomina a la Divinidad simplemente como "el Único" o "el Uno", y la hermosa confesión de fe judía, el *Shema*, comienza: "Oye, oh Israel: el Señor nuestro Dios, el Señor es uno". Así, aún cuando intentemos evitar las asociaciones religiosas, es bueno darse cuenta de que son universales y de que podemos utilizarlas para nuestro propio crecimiento espiritual del modo que mejor resulte para nosotros.

Es necesario poner cierto cuidado en la elección de un mantra. Es importante, también, tener en cuenta nuestra propia formación, nuestra reacción al significado, y la significación práctica de las palabras. Elija un mantra de una de las tradiciones establecidas, un mantra recomendado por un maestro espiritual que tenga una experiencia personal de su poder.

Quizás usted responda a un determinado mantra a causa de la formación que recibió en su infancia, pero ello conlleva un peligro: algunas personas son "alérgicas" a algunos mantras en particular, por esta misma razón. Si para determinar qué mantra le gusta va a necesitar una cantidad de años, y luego más años para que el mantra se vuelva parte su conciencia, por una simple cuestión de economía, es aconsejable elegir uno sobre el cual no guarde ninguna reserva. De manera que, si le resulta difícil adoptar el mantra más apropiado a su formación, quizás le convenga usar "Rama, Rama", o "Om mani padme hum", que no hacen ninguna referencias directa a Dios.

Trate de no elegir un mantra sólo porque es exótico. El nombre de Alá podrá conjurar visiones de palmeras datileras y camellos con campanillas tintineantes. Esto atrae a algunas personas, que dicen: "el mantra para mí es *Alá, Alá*". El problema de este tipo de atracción es que, al cabo de unas cuentas semanas, las palmeras datileras comienzan a cansar, y uno se descubre deseando cambiar a algún otro mantra.

Tampoco es recomendable que componga su propio mantra. Más de una vez ciertas personas individualistas y escépticas dicen: "me gustaría usar *Paz, paz, paz* como mi mantra". "Paz" es una palabra hermosa, pero no cualquier palabra hermosa sirve como mantra. Elija un mantra de poder comprobado, uno que haya permitido a muchos hombres y mujeres antes que a usted tomar conciencia de la unidad de la vida. Las raíces de un mantra así son mucho más profundas de lo que sabemos cuando recién comenzamos a usarlo, y es esto lo que le permite crecer en nuestra conciencia.

Use un mantra recomendado por un maestro espiritual; puede tener la certeza de que estará cargado con la propia experiencia personal del maestro. Todos los mantras recomendados a cont-nuación son de comprobado poder, legados a nosotros por los grandes maestros espirituales de diversas tradiciones.

Si ningún mantra le atrae más que los otros, lo mejor es util-zar "Rama, Rama", uno de los más antiguos, simples y más po-derosos. Muchas personas que no han experimentado ninguna reacción a otros mantras han afirmado que "Rama" no significa nada para ellos. Tal vez pase un tiempo antes de que el mantra "prenda", así que no se sienta decepcionado si no obra milagros desde el principio. Cuando haya usado el mantra por un tiempo, verá por usted mismo qué diferencia puede significar en su vida.

Otra advertencia que debe tener en cuenta es que no use el mantra impersonal "Om" solo. Algunas personas no responden a ninguno de los mantras centrados en un figura divina perso-nal como "Jesús, Jesús"; es sugerible que elija uno de los man-tras más personas que comienzan con "Om": con éstos, invoca los aspectos tanto personales como impersonales de la realidad supremos, que denominamos Dios. Existe una buena razón para esto: las personas que sienten gran devoción por una encarnación personal como Jesucristo naturalmente utilizarán su nombre como mantra; esa misma devoción impulsará el mantra a ir más hondo en su conciencia y liberar aún más devoción. Pero quienes prefie-ren usar un mantra impersonal descubrirán que la reacción contra asociaciones de la infancia o la lealtad intelectual al Absoluto no manifiesto no es sustituto de la devoción, por lo cual no les servirá.

La toma de conciencia la experimentaremos todos si repetimos el mantra fielmente. Dios responde a nuestra intensa invocación, y lo hará de la forma que mejor resulte para nosotros. Éste es el testimonio de todos los grandes hombres y mujeres de Dios de todas las tradiciones espirituales del mundo.

Sin embargo, la forma en que es respondida nuestra invocación no depende de nosotros. Cuando su meditación se haya profur-dizado, cuando se haya profundizado su devoción, y le llegue el momento de tener una revelación de Dios, no alimente ninguna expectativa de cómo Dios debería revelar su presencia. Esto queda en la conciencia de Dios con respecto a cuáles son sus necesidades interiores.

Elija un mantra que le atraiga, y deje en manos de Dios qué ideal espiritual es el más adecuado para sus necesidades más profundas.

Algunos grandes mantras

Del budismo

"Om mani padme hum" es un gran mantra budista, que se refiere a la "joya en el loto del corazón". Esta joya es el tesoro permanente de dicha y seguridad oculto en lo profundo de nuestro interior, que espera ser descubierto. Aquí el corazón se compara con un loto, que es uno de los más caros símbolos espirituales del hinduismo y el budismo.

Del cristianismo

Para cualquier cristiano, el nombre mismo de Jesús es un gran mantra, en el cual pedimos a Jesucristo que nos ayude a parecernos más a él, lleno de sabiduría, lleno de piedad, lleno de amor. En India, los cristianos llaman "Yesu Christu" al Señor. De acuerdo con su ámbito hinduista, pueden incluso agregarle "Om" y usar "Om Yesu Christu" como su mantra. En la tradición ortodoxa oriental, se practica desde hace mucho tiempo un mantra cristiano conocido como la Plegaria de Jesús: "Señor Jesucristo, Hijo de Dios, ten piedad de nosotros". Este nombre sagrado a veces se abrevia a "Señor Jesucristo".

En la tradición católica, "Ave María" puede usarse como un mantra muy poderoso, lleno del amor infinito de la Divina Madre por nosotros, sus hijos descarriados. En la India se dice que, siempre que un hijo está jugando satisfecho con sus juguetes junto a la puerta de atrás, la madre se mantiene atareada adentro. Pero al final el niño se cansa de los juguetes, los desecha y suelta un grito a todo pulmón clamando por su madre. Entonces, ella deja todo, corre a la puerta, levanta al niño con ternura y lo consuela. De la misma manera, cuanto nosotros dejamos de jugar con nuestros juguetes de placer y lucro, poder y prestigio, y clamamos por la Divina Madre con todo nuestro corazón, ella se nos revela en las profundidades de nuestra conciencia.

De Grecia

La Plegaria de Jesús también se usa en la tradición ortodoxa griega. La forma completa de esta plegaria, empleada por los monjes del monte Athos, es: "Kyrie emon, Iesou Christie, Yie Theou, eleison ymas" (que significa: "Señor nuestro, Jesucristo, Hijo de Dios, ten piedad de nosotros"; "Kyrie emon" suele emplearse como una forma abreviada de esta plegaria).

Del hinduismo

En el misticismo indio se hace referencia a una encarnación divina como un "avatara" o avatar: "ava" significa "abajo"; "tri", "cruzar o venir". Lo que se expresa, entonces, es "alguien que baja", la realidad suprema a la que llamamos Dios, que aparece en la faz de la Tierra como un ser humano semejante a nosotros, en respuesta a las tremendas necesidades del mundo, en respuesta a la gente que experimenta graves aflicciones. Es un concepto magnífico: en la India, se tiene fe en muchas encarnaciones de Dios, y ello explica la hospitalidad del corazón indio para todas las religiones y todos los maestros espirituales. Pero entre las muchas formas de Dios, entre los muchos mantras que se usan en la India, las figuras universales que atraen a todos son "Rama" y "Krishna".

En la tradición hinduista, "Rama" es uno de los mantras más simples, poderosos y populares. Proviene de la raíz sánscrita "ram", que significa "regocijarse"; "Ram" quiere decir "el que nos llena de dicha duradera". Cuando repetimos este mantra, estamos recordándonos la fuente de dicha duradera que hay en nuestro interior. Y "Rama" se encuentra en el núcleo de muchos otros poderosos mantras que se emplean en al India; uno es el mantra de Swami Ramdas, "Om Sri Ram jai Ram jai jai Ram" (en un lenguaje práctico, este mantra significa simplemente: "que prevalezca la dicha"): con su repetición rezamos para que la dicha duradera de las profundidades de nuestra conciencia prevalezca por sobre todo lo que hay de egoísta en nosotros, y nos traiga el gozo que sobreviene al tomar conciencia de la unidad indivisible de la vida.

Otra encarnación de atractivo universal es "Krishna", cuyo nombre significa "el que nos atrae hacia sí mismo". Uno de los mantras más preciados en la India, y muy conocido también en Occidente, combina este nombre con otros dos nombres del Señor:

"Hare Rama, Hare Rama,
Rama Rama Hare Hare,
Hare Krishna Hare Krishna,
Krishna Krishna Hare Hare".

Del Islam

"Bismillah ir-rahman ir-rahim" es un hermoso mantra islámico que significa "en el nombre de Alá, el piadoso, el compasivo". El Señor, que es la fuente de toda piedad y compasión, nos ha dado un amplio margen para experimentar con los juguetes de la vida. Una vez que disponemos nuestro corazón para unirnos a él, la carga de los errores pasados se debilitará. Los islámicos ortodoxos dicen esta mantra antes de hablar, como recordatorio de que todo lo que decimos y hacemos debe ir de acuerdo con la voluntad de Dios, la unidad indivisible de la vida. El nombre de Alá en sí, "Allahu akbar" ("Dios es grande"), es también un mantra islámico. En los anales del misticismo se habla del poder de encantamiento del mantra: cada uno de nosotros puede llegar a absorberse tanto en el mantra que ya no nos preocupemos por nosotros mismos. Cuando hayamos tomado conciencia de la unidad de la vida, encontraremos nuestra dicha en actos que contribuyan a la dicha de los que nos rodean; encontraremos nuestra realización ayudando a crecer a quienes nos rodean.

Del judaísmo

En la tradición judía, *Barukh attah Adonai* significa "bendito seas, oh Señor". El Señor es la fuente de toda fuerza, todo coraje, toda dicha, todo amor, y la mayor bendición que podemos conocer es la de tomar conciencia de él en las profundidades de nuestro ser y ganar acceso a estos recursos más hondos, que el Señor magnificará en nosotros para su servicio.

Otro mantra hebreo, que usan los judíos jasídicos, es *Ribono Shel olam*, "Señor del universo". Toda la creación es suya; nuestra vida está en sus manos. Con el mantra podemos aprender a poner en el Señor la carga de todos nuestros problemas personales, liberando los recursos que necesitamos para lidiar con ellos.

De Rusia

Existe un libro maravilloso llamado *El camino de un peregrino*, en el cual un aldeano humilde y anónimo de la Rusia imperial describe con palabras simples y conmovedoras cómo llegó a usar la Plegaria de Jesús y cómo transformó su conciencia. El mantra de su autor era el equivalente ruso del "Señor, ten piedad": *Gospodi pomilui*.

Los que se han mencionado hasta aquí son algunos de los mantras más usados y preciados de las grandes tradiciones religiosas del mundo, pero hay también muchos otros nombres con los cuales los hombres y las mujeres de todas las épocas han invocado a Dios en busca de fortaleza y apoyo.

San Francisco de Asís repetía "mi Dios y mi todo" para ayudarse a transformar al Francisco aspirante a trovador en el Francisco instrumento del amor de Dios. Y en la tradición hinduista hay magníficos himnos, llamados *Los mil nombres del Señor* y *Los mil nombres de la Divina Madre*, que nos brindan una vasta selección de hermosos nombres sagrados. Pero muchos mantras, en especial en el hinduismo o en el budismo, provienen de una compleja tradición cuyas referencias podrían resultarnos demasiado elusivas.

No es probable que tales mantras evoquen una profunda respuesta en aquellos que nos criaron y educaron en estas tradiciones. Así que es importante subrayar estos mantras cortos, simples y poderosos, producto de una tradición largamente establecida, y han llevado a muchos hombres y mujeres devotos, sanos y salvos, a través del tempestuoso mar de la vida.

●●●

No cambie su mantra

Sean cuales fueren las asociaciones de su pasado, siempre es posible elegir un mantra que pueda llegar a atraerle profundamente. Entonces, una vez que haya elegido su mantra, no lo cambie. Como nos advierte con una imagen doméstica uno de los Padres del Desierto, escribiendo sobre la Plegaria de Jesús, un árbol que se transplanta con demasiada frecuencia no echará raíces.

Sri Ramakrishna nos dice lo mismo cuando compara a una persona que cambia constantemente un mantra con un granjero que cava en diez lugares diferentes buscando agua. Comienza a cavar por un tiempo en un sitio y continúa hasta que la tarea se le torna difícil. "Aquí el suelo es demasiado duro", dice, y va a otra parte donde la tierra es más blanda. Pero pronto empieza a cansarse y dice: "aquí el suelo se desmenuza demasiado". Entonces va a otro lado, y así continúa durante todo el día. Si pudiera invertir la misma cantidad de tiempo y energía en cavar en un solo lugar, llegaría lo bastante profundo para encontrar agua, y sus cultivos prosperarían. Con el mantra sucede exactamente lo mismo. No se desaliente si al cabo de tres semanas no obtiene resultados espectaculares. Es un proceso que lleva tiempo, pero una vez que haya logrado que el mantra sea parte integral de su conciencia, le dará una rica cosecha en dicha, seguridad y un sentido de unidad con toda la vida.

El Tantra
y el origen de los chakras

El tantra es una filosofía que se origina en los drávidas, pueblos que habitaban la India antes del 2000 a.C. En sus comienzos, se desarrolló en las regiones con menor influencia hindú, pero luego se expandió hacia toda la India, Nepal y el Tíbet, donde se configuró como una rama del budismo. Desde la perspectiva tántrica, la unión sexual es un primer escalón en el camino hacia la unidad cósmica con lo divino, una representación a pequeña escala de la ley de atracción del Universo y, más concretamente, una réplica humana del abrazo erótico de la diosa Shakty y el dios Shiva. La unidad del hombre y la mujer, del Shiva que todo hombre lleva en su interior y de la Shakty que toda mujer tiene adentro, es la búsqueda central del Tantra. El ritual sexual del maithuna es la representación terrenal de la fusión que existe entre estos dos dioses en el plano trascendental y el propósito de la unión sexual humana es lograr la dicha innata de lo divino. Por eso, en el tantrismo el cuerpo –tanto el propio como el de la pareja– es morada de la esencia divina y como tal debe tratarse: con respeto y atención, con delectación y amor, con adoración y, tal como explicitaremos en el siguiente punto, con tiempo. Sin dudas, esto vuelve a la práctica del sexo tántrico como ideal a la hora de equilibrar los chakras.

Nada más alejado de la concepción tántrica del sexo que el apuro y la prisa. El sagrado ritual del maithuna requiere de horas al servicio del placer en un proceso tan lento y moroso como gratificante. Las técnicas para retardar la eyaculación son, por supuesto, una ayuda de primer orden para que esto sea posible. Pero no se trata solamente de eso. En el sexo tántrico la penetración es un paso más – y no un objetivo a lograr– en un hermoso camino sensual sembrado de caricias, besos, palabras, olores, sensaciones y alimentos y bebidas para reponer energías y fluidos.

El lugar del maithuna

El acto sexual sagrado no puede llevarse a cabo en cualquier lugar o circunstancia. El ámbito también debe ser preparado en varios sentidos para que armonice plenamente con el sagrado carácter del ritual. Todos los detalles del ambiente deben colaborar con tan importante evento. Por ello, es fundamental tener en cuenta algunas consideraciones previas al maithuna.

Los aromas presentes en el lugar donde se realizará el sagrado ritual del maithuna resultan sumamente importantes, ya que constituyen un estímulo más.

Por supuesto el hecho de que, tal como lo aclaramos en el punto anterior, el ambiente esté convenientemente higienizado, ayuda en mucho a lograr una atmósfera agradable para el olfato. Pero se puede hacer más al respecto.

Los sahumerios (preferentemente aquellos con fragancias afrodisíacas como el sándalo o la rosa) aportarán el toque aromático justo, de la misma manera que los aceites esenciales en su correspondiente hornillo.

Las velas perfumadas poseen, además del agradable aroma, la ventaja adicional de iluminar el ambiente de una manera particularmente sensual.

Existen ciertas sustancias que, quemadas sobre los carboncitos que se expenden a tal fin, además de aromatizar el ambiente estimulan fuertemente las ansias de pasión. Se trata de los inciensos afrodisíacos. Algunos de los más conocidos son:

- **Albahaca**: sus poderes afrodisíacos son ampliamente conocidos en varias culturas. Se puede colocar una planta en el ambiente donde tendrá lugar el maithuna o colocar unas gotas de su aceite esencial en un hornillo.

- **Artemisa**: sus flores y hojas quemadas sobre un carbón desatan pasionales efectos amorosos a quienes son alcanzados por el humo de este incienso.

- **Ajenjo**: conocido desde la antigüedad, se recomienda quemar sus flores secas, cuyo poderoso perfume afrodisíaco es uno de los más potentes.

- **Cilantro**: con las semillas de esta planta reducidas a polvo y mezcladas con almizcle y azafrán, se obtiene un incienso de poderosos efectos.

- **Enula Campana**: sus hojas y tallo reducidos a polvo y mezclados luego con una pequeña cantidad de ámbar gris, dan como resultado una pasta de gran poder afrodisíaco.

- **Lirio**: las propiedades estimulantes de esta planta son variadas y pueden obtenerse de diferentes maneras. Una de ellas consiste en quemar sus flores secas en la habitación destinada a hacer el amor, lo que garantiza altas cotas de placer.

Cada pareja de amantes deberá decidir qué tipo de iluminación prefiere para cobijar su maithuna. En general, se suele preferir la iluminación tenue, de la que hablaremos más adelante. Pero, llegado el momento, también puede optarse por una iluminación plena que permita visualizar cada pequeño detalle del cuerpo del compañero o, contrariamente, optar por la oscuridad total para dejar de lado la vista y otorgarle mayor protagonismo a los restantes sentidos (olfato, tacto, gusto y oído)

Pero, decíamos, la iluminación tenue suele ser la más indicada y existen diferentes modos de lograrla. Una excelente opción al respecto la constituyen las velas de colores y tamaños diversos diseminadas en diferentes lugares y colocadas a diversas alturas de modo tal de lograr un efecto especial. Otra alternativa es contar con una o varias bombillas eléctricas de algún color (rojo, verde, naranja) a los fines de obtener una atmósfera especial. También se puede cubrir una bombilla blanca con algún género de color, de modo tal de colorear el ambiente.

Para amantes especialmente interesados en crear un ámbito por demás especial desde la iluminación, se recomienda la utilización de luz negra.

El sentido del oído tampoco debe ser olvidado a la hora de preparar el maithuna. Desde una perspectiva eminentemente tántrica, lo más recomendable es musicalizar el ambiente con sonidos de campanas tibetanas, lo cual puede hacerse colocando un disco compacto que reproduzca su sonido. Pero como tal vez se trate de una alternativa demasiado exótica para los oídos occidentales, existen otras opciones a tener en cuenta tales como cierta selección de música que sea de especial agrado de la pareja. En todos los casos, es importante que el volumen no sea lo suficientemente alto como para tapar los sonidos producidos por los amantes. Y, por supuesto, otra posibilidad nada desdeñable consiste en dejar el lugar en silencio de manera tal que la única música que suene sea la respiración intensa y sonora de la pareja junto a los gemidos de placer y las palabras de amor.

La temperatura del lugar donde se llevará a cabo el maithuna es un punto fundamental a tener en cuenta. Si resulta demasiado cálida, se producirá sudor en exceso y, por ende, también la necesidad de reponer fluidos con una asiduidad no del todo deseable. Si, por el contrario, el ambiente es gélido los amantes estarán más pendientes de estar tapados a fin de no tomar frío que de prodigarse a su compañero. Esto desviará su atención, amén de que los cuerpos tapados no tienen la posibilidad de moverse con tanta libertad como lo hacen aquellos que están descubiertos. Por todo ello, es que debe procurarse que la temperatura sea tibia y agradable.

La higiene corporal y, posteriormente, los perfumes son un punto fundamental en la preparación del cuerpo de los amantes que participarán de la ceremonia carnal que nos ocupa.

Comencemos por el baño: resulta imprescindible antes del maithuna tomar un baño para purificar el cuerpo y librarlo de suciedades y malos olores. Por supuesto, puede realizarse de manera individual pero, hacerlo en pareja suma sensaciones placenteras al añadir la posibilidad de realizar juegos eróticos (y hasta el mismo coito) dentro de la bañera o bajo la ducha. Tomar un baño juntos puede aportar una nueva dimensión a la relación y ayudar a descubrir y a explorar de manera diferente el propio cuerpo y el cuerpo del otro.

En caso de que se trate de un baño de inmersión lo ideal es utilizar algún aceite para baño, ya que permite un mejor deslizamiento de las manos de los amantes sobre el cuerpo del otro y, una vez finalizado el baño, la piel queda sedosa e hidratada lo que la vuelve más atractiva para el contacto sensual. La espuma y las sales de baño también son un complemento interesante, pero no aportan beneficios eróticos tan evidentes como el aceite.

Si de tomar una ducha se trata, el jabón de glicerina suele ser la opción más conveniente ya que (de manera similar al aceite para baño) lubrica la piel y hace más fácil los juegos eróticos.

Las mejores esencias para el baño son, por supuesto, todas aquellas que tienen poderes afrodisíacos: ylang-ylang, almizcle, rosa, etcétera.

Luego del baño, también puede rociarse el cuerpo con algún perfume, colonia o esencia de fragancia similar (nunca otra) a la utilizada para el baño.

El camino de la iluminación

"Una vez que la Rueda del Amor ha empezado a girar, ya no hay ninguna regla absoluta", dice el Kamasutra. Cada pareja, en cada una de las distintas ceremonias que ejecute deberá dejarse guiar por las sensaciones y sentimientos experimentados en cada momento, en ese aquí y ahora único e irrepetible. La creatividad, la espontaneidad y la sorpresa resultan elementos más que bienvenidos, casi imprescindibles, en el sexo sagrado, especialmente, si se ponen al servicio de los siguientes objetivos:

- Despertar nuevas sensaciones en ambos miembros de la pareja.
- Abrir chakra sexual.
- Equilibrar
- Transmutar la eyaculación masculina en orgasmo espiritual.
- Prolongar el placer durante horas.
- Llevar a la mujer a un estado de liberación y alegría rebosante.

A pesar de que es deseable la creatividad y la espontaneidad –y sin nunca dejar de tenerlo en cuenta– se describirá a continuación una suerte de modelo de maithuna que puede ser practicado por cualquier pareja que quiera iniciarse en el mágico y maravilloso mundo del sexo tántrico.

1) Una vez que los amantes se encuentren desnudos y a solas en un ambiente cómodo, se mirarán a los ojos. Al igual que sucederá más tarde con el contacto físico, la fusión de miradas les permitirá establecer una íntima y profunda comunicación.

2) Acto seguido, sincronizarán su respiración, para luego, contemplar el cuerpo de la pareja sin tocarlo. Se trata de apreciar y admirar detenidamente, sin prisa, todos los encantos del físico que se encuentra enfrente. Esta fase, a pesar del aspecto pasivo que parece comportar, tiene la capacidad de exacerbar la sensibilidad erótica en los planos físicos, mental y espiritual.

3) Luego comenzarán las caricias y los besos, a fin de estimular la pasión e incrementar las ansias.

4) Una vez despertado y alimentado el deseo, se tomarán de las manos y, durante varios minutos, respirarán de manera lenta y profunda y, luego, repetirán varias veces el mantra OM.

5) Cuando sientan que el deseo y la energía han llegado a un punto verdaderamente alto, comenzarán a hacer el amor, o sea, el hombre penetrará a la mujer. Tampoco aquí existe regla fija, sólo evitar que se adopten rituales rutinarios.

6) A partir de ese momento, se tratará de evitar el orgasmo la mayor cantidad de veces para que la experiencia resulte más potente.

7) Asimismo, a partir de que se produce la penetración es fundamental visualizar en todo momento la energía Kundalini compartida que asciende desde el primer chakra hacia los superiores.

8) En el momento del orgasmo deberá guiarse la Kundalini hacia visiones de éxtasis e iluminación espiritual y cósmica.

9) Al finalizar el ritual, es importante realizar una meditación en pareja para canalizar la energía sobrante, ya que cuando se practica sexo tántrico y se movilizan volúmenes tan importantes de energía, si no se los encauza de manera adecuada pueden tomar malos caminos.

La penetración del lingam (pene) en el yoni (vagina) significa para la perspectiva tántrica el punto culminante de la unión de las divinidades que todo hombre y toda mujer llevan en su interior. Cuando el miembro masculino penetra en el femenino, se logra la comunión con lo cósmico y lo trascendente. Antes de comenzar a hablar acerca de las distintas y convenientes modalidades de penetración, una salvedad por demás importante: la diferente concepción de la penetración en el sexo tántrico y en el sexo profano.

Para el sexo común o profano, la penetración constituye una suerte de antesala del fin del coito: una vez que el hombre penetra a la mujer, sólo le restará moverse hasta arribar al orgasmo y eyacular, lo cual suele llevar nada más que un par de minutos. Fin de ese coito.

Desde la perspectiva tántrica, las cosas son muy diferentes. Las técnicas de control de la eyaculación, la necesidad de evitar el derramamiento de semen en pos de no perder energía y la conveniencia de extender el acto sexual durante horas, hacen que la penetración no sea sinónimo de movimiento y eyaculación, sino de moroso goce del cuerpo femenino, de placer extendido en el tiempo, de sensualidad prácticamente sin límites.

Las posiciones de penetración

Si bien no existe una "receta" para la penetración, varios textos tántricos aconsejan lo siguiente:

- Cuando el hombre introduzca su lingam en el yoni, debe hacerlo con voluptuosidad y manejando sabiamente los movimientos de las embestidas. El impulso hacia delante comporta diversas intensidades y distintas profundidades, por lo cual, realizar cualquier tipo de empuje sin ton ni son no revela sino una profunda ignorancia de las artes amatorias.

- Conviene comenzar con un pequeño envión de manera tal de que se introduzca únicamente el glande, y repetir este movimiento con frecuencia, suavemente y a distintos intervalos.

- Cuando el yoni se humedezca más y la mujer evidencie signos de que su excitación va en aumento, el lingam se hundirá más profundamente, alternando los movimientos suaves y lentos con embestidas más bruscas.

- Antes de continuar con una penetración más profunda, el hombre tomará su lingam con la mano y lo hará girar en torno al orificio del yoni.

- Tras esos movimientos circulares, es conveniente que el hombre se tome un descanso a fin de retardar la eyaculación para, luego, reiniciar las penetraciones combinando los envites lentos con otros más bruscos y rápidos, siempre evitando llegar hasta el fondo del yoni de su compañera.

- A continuación, se sucederá otro período intermedio durante el cual el hombre puede realizar una serie de movimientos circulares en torno al orificio de entrada y frotar su lingam en las partes superior e inferior del yoni. Deberá evitar que el miembro penetre más allá del glande y ejercer presiones externas y bastante acentuadas sobre la región lateral.

- A lo largo de todo ello, es fundamental que la pareja se bese profundamente.

- Acto seguido, ahora sí, el hombre realizará embestidas directas y de profundidad máxima, pero con salidas episódicas de su lingam cuando sienta la mínima posibilidad de eyacular.

Si bien lo convencional suele ser la postura denominada del misionero (mujer abajo, hombre arriba y ambos acostados cara a cara) a la hora de enlazar los cuerpos en el abrazo erótico, las posibilidades de hacerlo son verdaderamente múltiples. Por supuesto, la disciplina tántrica se ha ocupado de esto, de manera similar a como lo hizo el famoso libro indio de sexualidad *Kama Sutra* y el Tao del amor y el sexo en China.

Algunas posiciones permiten a la mujer "dominar" el ritmo y la velocidad del acto sexual mientras que otras otorgan más poder de movimiento al hombre; algunas permiten una penetración verdaderamente profunda y otras sólo posibilitan una entrada más superficial; algunas posturas hacen posible un contacto muy íntimo de buena parte del cuerpo de los amantes mientras que en otras sólo se produce el contacto entre los genitales y sus zonas aledañas; algunas facilitan la eyaculación y otras, por el contrario, ayudan a su control.

A continuación, detallamos una serie de posiciones.

Purushayata

El hombre se coloca con las piernas abiertas apoyándose sobre los brazos y la mujer se sienta sobre él. Las ventajas de esta postura residen en que la mujer tiene la iniciativa de los movimientos. Por otra parte, el hombre puede relajarse sin temor a eyacular.

Purushayata en loto

Similar a la anterior, la diferencia reside en que el hombre adopta la postura del loto y la mujer lo abraza con sus piernas. En esta posición, la irrigación sanguínea merma en la zona inferior del cuerpo (lo que incluye los órganos sexuales) y, por lo tanto, resulta benéfica para retardar la eyaculación.

Las dos fases del arco iris

Este movimiento consta de dos partes. La mujer se recuesta sobre las piernas del hombre, que permanece acostado boca arriba, y junta su pecho con el de su compañero. Luego, va hacia atrás, de modo tal de recostar su espalda sobre las piernas masculinas.

La enredadera

El hombre y la mujer se colocan de pie y la mujer abraza al hombre con una de sus piernas.

El salvataje

La mujer se arrodilla con las piernas abiertas y la espalda suavemente curvada y el hombre la penetra desde atrás manteniendo su columna derecha. Es una postura sumamente placentera y que permite movimientos fuertes y dinámicos, pero
que hace dificultoso el control de la eyaculación, dado que
aprieta un poco los testículos.

Navegando por el río

Esta postura lateral en la cual la mujer abraza al hombre con sus brazos y sus piernas permite un descanso de los movimientos dinámicos y puede proporcionar inmovilidad o un suave contoneo similar al de un bote que navega por un tranquilo río.

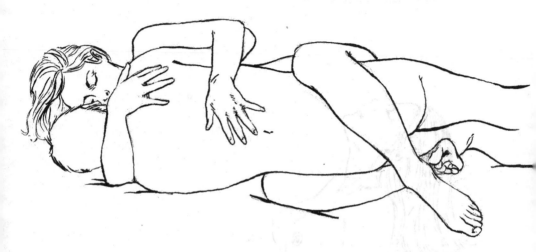

El dragón

La mujer se tiende de espaldas y su compañero toma idéntica actitud, recostado sobre ella.

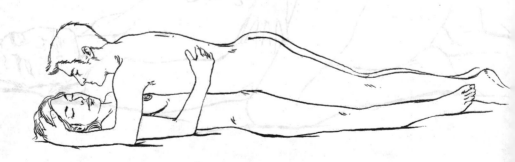

La mujer poderosa

El hombre se coloca en posición supina, flexiona las piernas y la mujer se sienta sobre su sexo, apoyando los glúteos sobre las piernas de su compañero. En esta posición, la mujer puede moverse con libertad y soltura y es especialmente propicia para lograr orgasmos en cadena.

El pez

El hombre se coloca en posición supina y la mujer se sienta sobre su sexo, de espaldas a su compañero y con las manos apoyadas cerca de los hombros de su pareja, mientras ésta estimula su clítoris.

El cangrejo

La mujer se tiende boca arriba y abre las piernas flexionando las rodillas mientras el hombre se arrodilla frente a ella.

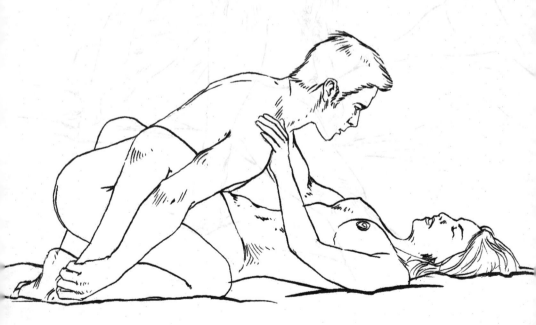

La diosa sostenida

La mujer yace boca arriba y el hombre se arrodilla frente a ella, que eleva sus piernas de manera tal de colocar sus talones sobre los hombros y el cuello de su compañero.

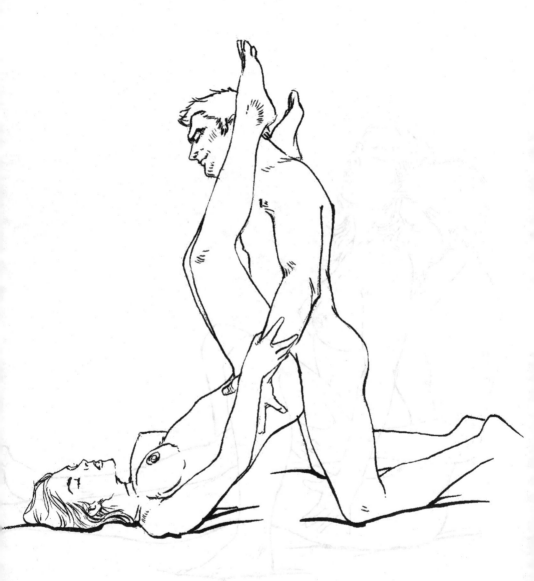

La pirámide

La mujer se coloca sobre el hombre, con las piernas abiertas y dándole la espalda, mientras él sostiene con sus brazos y sus manos los muslos de su compañera.

La luna y el sol

La mujer se coloca de lado y el hombre hace otro tanto por detrás; las piernas están juntas y recogidas para presionar el miembro masculino. Permite una penetración lenta y profunda.

El puente del deseo

La mujer yace boca arriba y, doblando las rodillas hacia arriba y apoyando sus pies en el suelo, eleva su cadera. Su compañero se coloca sobre ella y, apoyando sus manos en el suelo, se eleva. Esta postura permite a la mujer realizar movimientos pélvicos.

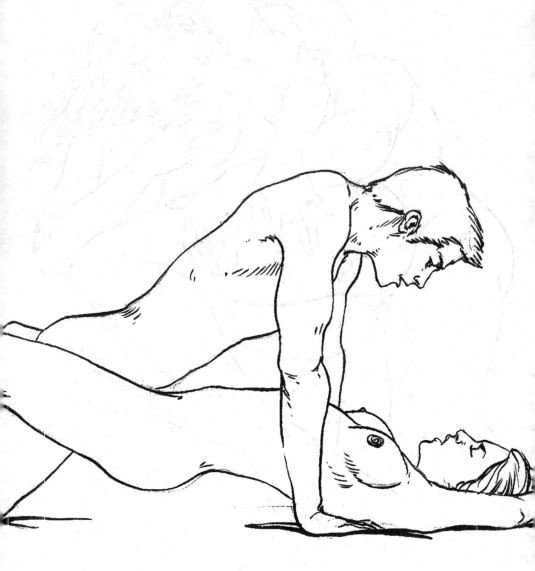

La yegua corre salvaje

Sentados sobre una silla o sillón, la mujer se coloca de espaldas al hombre que se deleita con los pechos de su compañera. Permite a la mujer libertad de movimientos, especialmente en lo referente a ascensos y descensos.

El gran salto

   El hombre se coloca de pie y la mujer lo abraza con las piernas, mientras él la sostiene por las piernas.

El vuelo del águila

El hombre se coloca sobre la mujer que está tendida de espaldas con las piernas entrelazadas en los glúteos de su compañero. Es una postura que permite una penetración profunda.

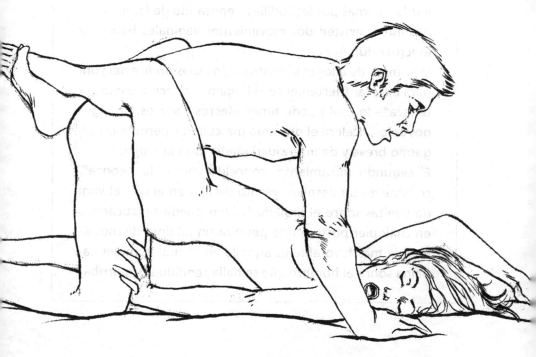

El yoni durante el maithuna

Más allá de que la mujer pueda realizar y realice movimientos varios con su cuerpo durante la penetración (de cadera, hacia arriba y hacia abajo, hacia los costados) el saber cómo utilizar su yoni durante la penetración la convertirá en una suerte de experta amorosa.

La abertura de la vagina puede ser controlada por la mujer en diversos grados de acuerdo al tamaño y consistencia del lingam albergado. Por ejemplo, si se tiende boca arriba, baja su cabeza hasta que el mentón toque el pecho y eleva la parte central de su cuerpo, la abertura vaginal será bastante amplia. Otro modo de facilitar las penetraciones dificultosas, consiste en que la mujer se tienda de espaldas elevando los muslos en ángulo recto y separándolos todo lo que pueda; el hombre puede contribuir con sus manos a aumentar la separación. Si, contrariamente, se desea que la abertura se estreche, la mujer debe dirigir sus muslos hacia el abdomen y flexionar las piernas por las rodillas, reposando de lado.

Asimismo, existen dos movimientos vaginales básicos a efectuar durante el coito.

El primero de ellos es la *contracción espasmódica* del yoni para apretar fuertemente el lingam –conocido como "la tenaza"– lo cual puede tener efectos diversos. En algunos casos, acelera el orgasmo masculino y permite un orgasmo breve y de intensidad media para la mujer.

El segundo movimiento, conocido como "la peonza", consiste en un desplazamiento circular en el que el yoni da vueltas sobre el lingam. Si bien puede practicárselo en cualquier postura que permita un mínimo de movilidad, la más favorable es aquella en la cual la mujer cabalga sobre el hombre que se halla tendido boca arriba.

Los principios del maithuna

- Propiciar la unión del Shiva y la Shakty internos. Desde la perspectiva tántrica el acto sexual es un vehículo para un fin superior: unir las divinidades que todo ser humano lleva dentro.

- Llevarlo a cabo sin tener un "objetivo". El éxtasis, el orgasmo y la iluminación sólo llegan cuando el individuo se conecta de manera potente con el aquí y ahora sin tener objetivos a futuro para perseguir.

- Disfrutar el placer sin intentar apegarse a él. El goce es enemigo de la codicia. No es algo que se pueda poseer, sino pura energía que llega hasta nosotros para darnos luz y satisfacción.

- Ser consciente de la energía en todo momento, de manera tal que se pueda enviar la Kundalini en el viaje ascendente desde el primer chakra hasta el séptimo.

- Olvidarse de los egos: la ceremonia del maithuna tiende a la unidad absoluta, a la fusión de cuerpo, mente y alma.

- Permitir que la mente deje de funcionar. Sólo cuando ella acalla su voz intelectual, censora y analítica, la energía de la libertad y del desapego puede recorrer los cuerpos y llenarlos con la luz del placer.

Vivimos un cambio de era. Y no se trata, sin dudas, de una etapa más dentro del continuo de transformaciones que experimentó el mundo. Las más antiguas civilizaciones presagiaron hace miles de años este cambio que se avecina. Algunas señales son visibles hace tiempo: la Naturaleza está cada vez más rebelde al daño de la Humanidad y, al mismo tiempo, son cada vez más las personas que buscan vincularse de otro modo con el planeta. ¿Cuántas personas atienden hoy en día a una alimentación más sana? ¿Cuántos lo hacían hace 30 o 40 años? ¿Cuántos conocían el Yoga, el Reiki o la Reflexología algunas décadas atrás? ¿Cuántos son los que hoy las practican? Sin dudas, las respuestas virulentas del planeta ante la contaminación y la falta de escrúpulos de quienes lo habitamos, se ve acompañada de un movimiento cada vez más grande de personas que desean ser parte de un Todo y no ser cómplices de la destrucción de ese Absoluto. Es por eso que nuestro tiempo tiene tantos pacifistas como guerreros, y tantos intolerantes como buenos vecinos. Es por esto, también, que día a día se incrementan las personas que buscan la paz interior para, desde allí, irradiar luz alrededor del mundo.

El trabajo con los chakras es parte de este cambio. Si logramos equilibrar nuestras energías internas, encontraremos la armonía de ese pequeño gran universo que es nuestra existencia. Cada uno de nosotros somos una réplica a menor escala de lo que sucede fuera de nuestros límites: tenemos células que mantienen activos órganos que, a su vez, trabajan para darle vida al cuerpo que nos cobija. Al mismo tiempo, esas células encierran un mecanismo similar de componentes más pequeños que colaboran con su existencia. ¿Y qué pasa con nosotros, los seres humanos? Sin dudas, somos también "células" de nuestro planeta, un organismo vivo donde todos (animales, plantas, nosotros mismos), interactuamos y obramos para mantenerlo como parte del sistema solar que integra. Somos células de la Tierra, y la Tierra es, por su parte, una célula del Universo.

Alcanzar el equilibrio energético a través de los chakras es entonces mucho más que estar sano, feliz o en paz. Significa construirnos como un ser que construye, llenarnos de vida para generar más vida. No es una tarea menor y nada tiene que ver con el sesgo individualista que le otorgan al trabajo energético esos "buscadores compulsivos de la felicidad". Ser pleno, ser feliz, ser saludable, es una responsabilidad de cada uno de nosotros como parte de un conjunto mayor que debemos llevar, todos juntos, hacia la luz de un Cosmos en completa armonía. Y el tiempo de hacerlo es ahora.

ÍNDICE